Inhalt

Blaise Pascal. Einleitung von Ewald Wasmuth . . . 5

Erster Teil
Elend und Größe des Menschen

Einleitung, die Wissenschaft vom Menschen 21

Die Stellung des Menschen in der Natur 32

Vom Wahn 41

Von der Gewohnheit 50

Von der Eigenliebe 52

Von den Gegensätzen im Menschen 58

Von der Zerstreuung 63

Der Mensch in der Gesellschaft 72

Größe und Niedrigkeit des Menschen 79

Die Wahrheit ist zu suchen 94

Zweiter Teil
Auf der Suche nach Gott

Was lehren die Philosophen? 105

Was lehren die Religionen? 111

Auflösung der Schwierigkeiten: Die gefallene Natur
  des Menschen 118

Der Mensch in der Entscheidung: Die Wette . . . 120

Die Vernunft des Herzens 139

Das ist die Seinslage des Menschen heute 141

Dritter Teil
Beweise Jesu Christi

Das alte Testament 148

Die christliche Religion und die Sittenlehre 160

Die denkenden Glieder 174

Jesus Christus 180

Das Mysterium Jesu 185

Schluß

Das Geheimnis der Ordnungen und das Mysterium
    der Liebe Gottes 191

*Die Einteilung und die Anordnung der Fragmente folgt in
der Hauptsache der Ausgabe der Pensées von Jacques Chevalier, Paris 1936, die Textgestalt der 5. Auflage meiner
Übertragung der Pensées, Heidelberg, 1954. Auf diese Ausgabe, die der Anordnung der Fragmente nach Leon Brun-
schwicg folgt, beziehen sich die Ziffern am Schluß jedes
Fragments.*

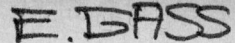

BLAISE PASCAL

GEDANKEN

EINE AUSWAHL

ÜBERSETZT, HERAUSGEGEBEN UND EINGELEITET
VON EWALD WASMUTH

PHILIPP RECLAM JUN. STUTTGART

Universal-Bibliothek Nr. 1621 [2]
Mit Genehmigung des Verlags Lambert Schneider, Heidelberg. Alle
Rechte vorbehalten. © Reclam-Verlag GmbH., Stuttgart 1956.
Gesetzt in Petit Trajanus-Antiqua. Printed in Germany 1975. Her-
stellung: Reclam Stuttgart
ISBN 3-15-001621-5

BLAISE PASCAL

Einleitung

„Man kann", heißt es in einem der Fragmente Pascals,
„eine gute Charakterzeichnung nur geben, wenn man alle
Gegensätze unseres Charakters darstellt; es genügt nicht,
eine Reihe zusammenstimmender Eigenschaften darzustellen, ohne sie mit denen, die ihnen entgegengesetzt sind, zur
Übereinstimmung zu bringen." Dieser Forderung zu genügen, ist, wenn wir uns Pascal zuwenden, schwer. Gegensätzlicher als er sind wenig Menschen und ihre Lehre in der
Geschichte beurteilt und gesehen worden. Jede Epoche zeich-
nete ein anderes Bild des Menschen, und wahrscheinlich verstand jede ihn so, wie sie sich selbst verstehen wollte. Immer unterschlug man die Reihe der entgegengesetzten Eigenschaften, oder man ärgerte sich an ihnen und tadelte ihn
wegen solchen Verrats an sich selbst. Es gab Menschen, die
sagten, daß sie mit ihm nicht fertig würden und daß sie
immer Neues bei ihm fänden, wie es André Gide einmal
bemerkt hat, oder andere, die ihn wegen der Klarheit seiner
Aussagen und als Psychologen bewunderten und sich ihm
verwandt fühlten, wie Nietzsche, und der ihn zugleich wegen
seines, wie er meinte, krampfhaften Bekenntnisses zum
christlichen Glauben tadelte und verwarf. Andere gab es, die
Pascals Geheimnis aus der Tatsache deuten wollten, daß
Pascal sein Leben über krank war — er habe seit seinem
20. Lebensjahre keinen Tag ohne Schmerzen verbracht, bekannte Pascal von sich selbst —, und die ihn deshalb zu
einem Psychopathen machten, der an der Zwangsvorstellung
eines Abgrundes zu seiner Linken litt, wie es Voltaire und
übrigens erfolgreich versucht hat, da diese Pascallegende bis
heute das meist nur flüchtige Wissen von Pascal färbt. Da-

neben gab es immer Menschen, die ihn einfach liebten und
Trost in seinen Worten fanden, und auch Christen, die ihn
nicht eigentlich mochten, wie es etwa Claudel bekannt hat.
Doch wie immer sich diese und jene verhielten, keiner der
Angriffe, keine der Fehldeutungen kann und konnte ihn
berühren, könnte doch jeder in seinem Werk, in den Pensées,
die Antwort finden, die Pascal ihm gegeben haben würde.
Eine Antwort, wie sie etwa Paul Valéry hätte finden können, der Pascal, den er zugleich als einen der mächtigsten
Geister, die je gelebt, bewunderte, vorwarf, daß er sich
„Zettelchen" in seine Kleider genäht habe, statt Frankreich
die Unendlichkeitsrechnung zu schenken. Denn es ist richtig,
daß nur noch ein kleiner Schritt Pascal von der Erfindung
der Infinitesimalrechnung trennte, die dann Leibniz erfinden
sollte. Pascal aber würde Valéry geantwortet haben: „Was
zählt es, ... ob ein anderer etwas mehr von den Dingen
weiß? Tut er das, so sieht er sie aus etwas größerer Höhe,
aber ist er nicht immer unendlich entfernt von der Grenze?
Nur weil wir uns mit Endlichem vergleichen, macht es
das Kummer" (Frgt. 35)[1]. Vieles, was wir wichtig nehmen,
ist nur wichtig, weil es uns hindert, das Wichtigere zu
sehen. „Sorglos eilen wir in den Abgrund, nachdem wir
etwas vor uns aufgebaut, was uns hindert, ihn zu sehen",
(Frgt. 95) heißt es bei Pascal. Selbst die Lehre des Kopernikus, die damals wenige Jahre nach Galileis Tod die Köpfe
erhitzte, scheint Pascal zu den unwichtigen Dingen gerech-
net zu haben, obgleich er selbst ein Jahrzehnt früher in den
Kampf um die Behauptung Torricellis, daß die Lehre, wonach
die Natur die Leere fürchtet, falsch sei, eingegriffen und das
Recht der Lehre Torricellis endgültig bestätigt hatte. In den
Pensées aber schrieb er zur Lehre des Kopernikus: „Ich finde
es in der Ordnung, daß man nicht die Lehre des Kopernikus

---

[1] Die Zahlen beziehen sich auf die Zählung dieser Ausgabe.

ergründet, sondern diese: Es ist von entscheidender Wichtigkeit für das ganze Leben, zu wissen, ob die Seele sterblich oder unsterblich ist." Wir sind so gewöhnt, unsere naturwissenschaftlichen Erkenntnisse nicht nur für richtig zu halten, sondern in ihnen auch die wichtigste Forschungsaufgabe der Menschen zu sehen, daß wir die Ablehnung nur als rückständig empfinden, die uns deshalb nichts angeht, um so zugleich die Antithese nicht weiter zu bedenken, auf die es aber Pascal ankam. Denn bedenken wir diese, so werden wir zugeben müssen, daß diese Frage wichtig genug ist und den Menschen, wenn er allein ist, mehr angeht als jene Lehre des Kopernikus, daß außerdem objektiv zutrifft, wie Pascal an anderer Stelle sagt, daß je nachdem, wie wir diese Frage entscheiden, das „jeweils eine völlig verschiedene Sittenlehre begründen" muß (Frgt. 161). Pascal setzt nicht voraus, daß der Mensch, zu dem er redet, gläubig ist, wohl aber, daß der, zu dem er redet, fähig und bereit ist, die Fragen, die er vorlegt, unvoreingenommen zu prüfen und also nicht etwa voreingenommen zu meinen, weil wir etwas mehr von den Sternen und den Atomen und manchen Krankheiten oder auch Erbgesetzen und chemischen Verbindungen und noch von anderm wissen, wüßten wir über die letzten Fragen besser Bescheid als jene Menschen, die um die Verschuldung ihrer Seele vor Gott wußten oder die vielmehr glaubten, daß ihre Seele Gott verantwortlich wäre. Wer solches meint, vergleicht Unvergleichbares, glaubt durch die Zahl auch das Gezählte verstehen zu können, er mißachtet die Ordnungen, die die Wirklichkeit, das Sein gliedern. Nun, Pascal wußte um die Ordnungen des Seins, und er wußte, daß wir immer Schutzwände bauen, um die Fraglichkeit der einen Frage unsichtbar zu machen. Deshalb suchte er den Menschen hinter allen Masken, die er sich gemacht, hinter allen Gewohnheiten, in seinem trügerischen Wahn, in seinen Einbildungen, woraus wir eine künstliche

Welt gefügt. „Ich werde nicht dulden", schrieb er, „daß man sich bei diesem, auch nicht, daß man sich bei jenem beruhigt, denn wenn er (der Mensch) ohne Stützpunkt und Ruhe ist" . . . dann wird, so wäre diese Notiz zu ergänzen, der Mensch notwendig die Frage nach dem Menschen stellen müssen — denn diese ist Pascals Frage — und dann wird er begreifen, daß „der Mensch ein unbegreifbares Unwesen ist", unbegreifbar ohne Gott, den wir nicht begreifen können, so wenig nämlich wie das Unendliche der Zahl, die, obgleich wir nicht „sagen können, was sie ist", „nicht aufhört zu sein". Hat aber der Mensch dies klar eingesehen, so wird er notwendig nach Gott fragen müssen, fragen, d. h. — das war Pascals Meinung — ihn „suchen" müssen. Dies Drama des Menschen, der schließlich, nachdem er ohne Stützpunkt und Ruhe ist, nach Gott fragt und der ihn dann sucht, wollte Pascal in dem Buch schreiben, dessen Aufzeichnungen in der Hauptsache die Fragmente der Pensées bilden. Zu diesem Zweck wollte Pascal in seinem Buch den Menschen alles, was Menschen erdacht, aufzeigen, die Lehren der Philosophie und das Recht der Skepsis und weiter die Wahrheiten und Irrtümer der Religionen und schließlich die Wahrheit und den Trost der christlichen Religion, von der der Mensch dann wünschen sollte, daß sie wahr sei. Dann aber wollte er ihre Wahrheit aufweisen und den Menschen zu Jesus Christus führen, in dem sich, wie es der Glaube der Christen weiß, Gott als Mensch entborgen hat, von dem Pascal sagt: „Ohne Jesus Christus würde die Welt nicht bestehen, denn sie müßte entweder zerstört worden sein oder der Hölle gleichen." (Frgt. 270).

Wer aber war Blaise Pascal? Geboren wurde Pascal im Juni 1623 in Clermont, der Hauptstadt der Auvergne, zu eben der Zeit, als Richelieu im Begriff stand, die unumschränkte Herrschaft in Frankreich zu übernehmen. Als

Pascal kurz nach seinem 39. Geburtstag 1662 starb, war Ludwig XIV. seit wenigen Monaten absoluter König. Diese zwei wichtigen Daten der französischen Geschichte umschließen das Leben Pascals und zugleich eine überaus unruhige, von Kriegen, Aufruhr und Bürgerkriegen erfüllte Zeit, die aber glanzvoll im Geiste war, denn von da an datiert der beherrschende Einfluß Frankreichs in der europäischen Geistesgeschichte. Viele Namen großer Männer wären zu nennen, der des großen Mathematikers Fermat z. B., dann der Descartes und der Corneilles, der mit der Familie Pascals in Rouen befreundet war. Blaise Pascal war 16 Jahre alt, als er in dieser Welt der neuen Wissenschaft und Bildung mit einer Schrift über die Kegelschnitte debütierte, die mit Recht Aufsehen erregte. Damals lebte die Familie Pascals in Paris, wohin sein Vater Etienne nach dem Tode von Pascals Mutter, Antoinette Bégon, gezogen war, um sich ganz der Erziehung seiner Kinder, des Sohnes und seiner zwei Töchter, Gilberte, und der Jüngsten, Jacqueline, widmen zu können, und er zugleich teilnehmen konnte an den Auseinandersetzungen und Gesprächen, die sich um die Neuerungen in der Mathematik und Philosophie entwickelten, denn in beiden war Etienne Pascal mehr als ein Dilettant. Bald danach zogen Pascals nach Rouen, wo Etienne Pascal durch Richelieu die Leitung der Zoll- und Finanzverwaltung der Provinz übertragen worden war. Auch dort war sein Haus allen geistig bedeutenden Menschen offen, und dort war es auch, daß Blaise Pascal von der Lehre Torricellis hörte und es unternahm, sie durch sorgfältigste Experimente auf ihre Wahrheit zu prüfen. Zugleich aber faßte er den abenteuerlichen Plan, eine Maschine zu konstruieren, die seinem Vater die mühsame Rechenarbeit abnehmen könnte. D. h. er unternahm es, eine Rechenmaschine zu bauen, deren praktische Ausführung sich dann aber als schwierig erwies und fast zehn Jahre in Anspruch nahm.

Sie wurde, als er sie der Öffentlichkeit vorführte, wie ein
Weltwunder bestaunt, obgleich sie in der Praxis nicht
leisten konnte, was er von ihr geträumt. Daß aber sein
Vorsatz kein jugendlicher Traum gewesen ist, beweisen
jene Maschinen, die heute zu unvorstellbarer Vollkommen-
heit entwickelt worden sind, die alle gehen auf Pascals
Versuch zurück, nämlich auf seine Einsicht in die Natur der
Zahlen, auf seinen kühnen Entschluß, Denk-, d. h. sozu-
sagen geistige Vorgänge zu mechanisieren, was uns heute
noch Unbehagen macht. Pascal aber kannte zugleich den
Unterschied zwischen dem Automaten und dem Leben. In
den Pensées findet sich die gleichzeitig gegen Descartes
Lehre von den Tieren als Automaten gerichtete Bemerkung:
„Die Rechenmaschine zeigt Wirkungen, die dem Denken
näher kommen als alles, was Tiere vollbringen; aber keine,
von denen man sagen muß, daß sie Willen habe wie die
Tiere" (Frgt. 117).

Im Jahr 1648 ließ Pascal durch seinen Schwager Périer
das Experiment am Puy de Dôme ausführen, wodurch er den
Nachweis brachte, daß die Höhe des Quecksilberstandes in
der Torricellischen Röhre, d. i. das spätere Quecksilberbaro-
meter, auf der Höhe und am Fuße des Berges verschieden
ist und daß sich also darin das Gewicht der Luft ausdrückt.
Damit war Pascal der endgültige Nachweis gelungen, daß
„die Natur keinen Widerwillen gegen die Leere hat", wie er
es formulierte. Pascal behandelte seine Untersuchungen und
Ergebnisse in einigen Schriften; die von ihm geplante große
Arbeit aber, die „Abhandlung über die Leere", blieb Fragment, wie fast alle seine Schriften mit Ausnahme der immer
nur kürzeren mathematischen Arbeiten Fragmente geblieben sind. Als Pascal das Experiment am Puy de Dôme ausführen ließ, lebte er bereits in Paris, wo ihn in den folgenden Jahren hauptsächlich mathematische Untersuchungen
beschäftigten. Hierunter sind zwei besonders zu erwähnen.

Einmal seine Arbeit über das arithmetische Dreieck, die zu den vorbereitenden Arbeiten der Infinitesimalrechnung gehört, deren meta-mathematische Bedeutung innerhalb der Lehre von den Stufenordnungen des Seins jedoch noch kaum begriffen worden ist, und seine Erfindung der Wahrscheinlichkeitsrechnung, die aber gleichzeitig Fermat erfunden hat, was Pascal und Fermat streitlos anerkannten. Pascal erfand die Wahrscheinlichkeitsrechnung, die „Regel der Teilung", um einem seiner weltlichen Freunde, dem Chevalier de Méré gefällig zu sein. Damals verkehrte Blaise Pascal viel in den Kreisen jener geistvollen Weltleute, die durch Montaigne geprägt, das neue Bildungsideal des honnête homme zu leben versuchten, das dann durch zwei Jahrhunderte zum Vorbild europäischer, französischer Bildung wurde. Der honnête homme sollte ein Mensch sein, der nicht einseitig sondern umfassend gebildet war, der es vermied, von sich selbst zu sprechen und der zugleich natürlich in allen Äußerungen blieb, der die Natur ehrte, die über alles, „selbst über die Theologie reden kann", wie Pascal im Sinne seiner Freunde in Frgt. 18 sagte.

In der Tradition der Jansenisten, bzw. ihres Klosters Port-Royal, wo Pascals Schwester Jacqueline 1652 den Schleier genommen hatte, nennt man diese Jahre die weltliche Zeit Pascals. Sicher waren sie wichtige, notwendige Lehrjahre des Autors und des Denkers, da er in ihnen kennenlernte, was man dort dachte, wo er später seine Gegner, die es zu überzeugen galt, suchte und wie man sich dort auszudrücken verstand. Es ist auch wahrscheinlich, daß es ihn freute, in den Gesprächen mit Méré, Miton und andern die Kraft seiner Argumente und dialektischen Überlegenheit zu erproben, wofür manche Fragmente seiner Pensées zeugen. Ebenso gewiß aber ist, daß Pascal niemals und zu keiner Zeit zu den Ungläubigen, den Zweiflern, gehört hat, wohl aber, daß die Fragen, die sehr bald für ihn wichtig werden sollten, damals nur am Rande wichtig gewesen sind. Denn die Natur, so schrieb Pascal später, wirkt schrittweise, „itus et reditus. Sie geht und kehrt wieder, jetzt weiter, dann zweimal weniger, dann mehr als je" (Frgt. 355). Das Gesetz dieses Gehens und Wiederkehrens erwahrheitete Pascals Leben, kein Zweifel ist, daß er die Macht dieses Pulsschlages an sich selbst gespürt und erfahren hat und daß er auch seine Beziehungen zur Wissenschaft und nicht zuletzt zur Religion beherrscht.

Die weltlichen Jahre lagen, was die Religion angeht, im Tal des „zweimal weniger" und kurz vor der Rückkehr der Flut: „Dann mehr als je."

Die erwähnten mathematischen Arbeiten hatte Pascal im Sommer des Jahres 1654 einer der Pariser Akademien eingereicht. Wir dürfen annehmen, daß sich mit ihrem endgültigen Abschluß jene Abspannung einstellte, die auf Zeiten großer geistiger Konzentration zu folgen pflegt. „Die großen Leistungen des Geistes, an die die Seele mitunter rührt, sind nichts, worin sie sich dauernd halten kann; sie sind ein Sprung, nicht auf einen Thron für die Dauer, sondern nur für einen Augenblick", notierte er sich (Frgt. 148). Mit der Abspannung geht meist die Ausbreitung der Leere vor sich, jener Geistesstimmung, die Pascal im Frgt. 84 unter dem Titel „Langeweile" beschrieben hat: „Nichts ist dem Menschen unerträglicher als völlige Untätigkeit, als ohne Leidenschaften, ohne Geschäfte, ohne Zerstreuungen, ohne Aufgabe zu sein. Dann spürt er seine Nichtigkeit, seine Verlassenheit, sein Ungenügen, seine Abhängigkeit, seine Unmacht, seine Leere. Alsogleich wird dem Grunde seiner Seele die Langeweile entsteigen und die Düsternis, die Trauer, der Kummer, der Verdruß, die Verzweiflung." Was die Welt ihm nun nach dem Sprung auf den Thron, wo kein Bleiben war, anbieten konnte, hielt nicht stand, nicht stand in der Einsamkeit seines Zimmers, wenn er allein war.

Zutiefst hat Pascal den Sinn des „Allein" erfahren. „Allein wird man sterben" und „Allein war Jesus Christus auf Erden". Und „Ganz natürlich ist der Mensch Dachdecker oder was ihn beschäftigt — Mathematiker z. B. — nur nicht im Zimmer, allein" (Frgt. 90). Was ist der Mensch allein... allein vor Gott? Der endliche Mensch in Gegenwart des unendlichen Gottes, wo doch gilt: „Das Endliche vernichtet sich in der Gegenwart des Unendlichen, es wird ein reines Nichts" (Frgt. 211). Wir aber sind endlich und wir haben nur Endliches, auch unsere ersten Sätze, auf die wir alle Ableitungen gründen, sind nur endliche Sätze, die von dem wahren ersten, dem das Unendliche berührenden Satz unendlich entfernt sind. Nichts hält auf dieser Flucht ohne Ende stand (vgl. S. 36). Dies etwa war seine Gemütsstimmung im Herbst des Jahres 1654. Damals suchte er die Gespräche mit seiner Schwester Jacqueline, worüber sie an Gilberte Périer schrieb, daß Blaise einen steigenden Widerwillen gegen das Leben bekundete, das er bis dahin geführt hatte. Der Widerwille aber war es sicher nicht allein oder vielmehr war das Ergebnis der bohrenden Frage, gibt es in der Welt keine Gewißheit, keine, die besteht, gegenüber dem Unendlichen? Alles löste sich in dem ätzenden Zweifel auf und ganz wie es Descartes von sich geschildert hatte, ehe er seine Gewißheit in dem Satz: „Ich denke, also bin ich" gefunden hatte. Vielleicht hat Pascal auch diese Antwort damals erneut durchdacht, sie hielt nicht stand, wäre sie wahr, die ganze Wahrheit, so meinte er später, sei die ganze Philosophie keine Stunde Mühe wert. Die Gewißheit Descartes genügte nicht, nichts hielt seinem Zweifel stand, nichts, nur der unendliche Gott, vor dem der Mensch ein reines Nichts wurde.

Man versuche im Geiste Pascal so weit zu folgen und man mache sich zugleich klar, daß sich ihm die Sicherheit in Nichts aufgelöst hatte, von der unser ganzes heutiges Weltverständnis ausgeht, unsere Wissenschaft und unsere Philosophie, die alle mehr oder weniger von dort, von Descartes her ihren entscheidenden Anstoß erhielten und auf diesem brüchigen Fundament errichtet worden sind. Dann erst wird man verstehen, was das Wort „Gewißheit" in Pascals Memorial bedeutet. Denn die Antwort auf die bohrende Frage wurde Pascal am 23. November 1654, und zwar „zwischen zehneinhalb abends bis ungefähr eine halbe Stunde nach Mitternacht". So lange dauerte die Ekstasis, der Feuerbrand seines Herzens, in dem er die Wirklichkeit Gottes spürte und darin die Gewißheit besaß, die er suchte. Doch so gewaltsam diese Erfahrung gewesen ist, Pascal blieb ihr gegenüber der Beobachter, der, was ihm widerfahren, protokollierte, und nicht weniger sachlich als irgendein physikalisches Experiment. In dieser Aufzeichnung lautet der entscheidende Satz: „Gott Abrahams, Gott Isaaks, Gott Jakobs, nicht der Philosophen und Gelehrten." Und in der folgenden Zeile: „Gewißheit, Gewißheit. Empfinden: Freude, Friede" und darauf wieder auf einer neuen Zeile: „Gott Jesu Christi."

Gott ist nicht der Gott der Philosophen und Gelehrten, Gott ist der Vernunft unbegreifbar, doch dem Herzen — der Liebe — begreifbar: Person; es gibt eine Übereinstimmung zwischen Ihm und uns, wie sie Abraham, Isaak und Jakob erfahren haben und wie sie in unvorstellbarer Genauigkeit und in „überwältigender Herrlichkeit, die die Augen des Herzens schauen", in Jesus Christus bestätigt worden ist. Dies „Wissen des Herzens" ist die Gewißheit Pascals, von wo aus er nunmehr alles beurteilt, sie ist der „geheime Gedanke", von dem er meint, daß man ihn haben müsse, während man wie die andern, wie das Volk spricht (Frgt. 143), er ist es, den Pascal immer im Sinn hat, „in dem alle sich widersprechenden Stellen zusammenstimmen", und der im Denken — im Herzen — dessen, der ihn liest, selbst entstehen soll. Denn die Gewißheit Pascals läßt sich nicht

sagen und als Prämisse behandeln wie jene Descartes', sie
kann nur im Herzen erwachen, im Herzen, „das Gott
spürt" und ihn damit gefunden hat.

Pascal hat die Erfahrung jener Stunden unmittelbar
nachher aufgeschrieben und von der kaum lesbaren ersten
Niederschrift eine sorgfältige Abschrift auf Pergament an-
gefertigt, die einige Unterschiede gegenüber dem Original
aufwies. Er hatte beide Schriftstücke in seine Kleider eigen-
händig eingenäht und in die neuen stets selbst übertragen.
Dort fand man die Aufzeichnungen nach seinem Tode, denn
bei seinen Lebzeiten blieb die Nacht des 23. November 1654
sein Geheimnis, das er keinem Menschen anvertraute. Man
nennt dies Schriftstück das Memorial, das ich hier in der
Fassung der ersten Niederschrift geben will.

†

JAHR DER GNADE 1654

Montag, den 23. November, Tag des heiligen Klemens,
Papst und Märtyrer, und anderer im Martyrologium. Vor-
abend des heiligen Chrysogonos, Märtyrer, und anderer.

Seit ungefähr abends zehneinhalb bis ungefähr eine
halbe Stunde nach Mitternacht.

FEUER

„Gott Abrahams, Gott Isaaks, Gott Jakobs", nicht der
Philosophen und Gelehrten.

Gewißheit, Gewißheit, Empfinden: Freude, Friede.

Gott Jesu Christi

Deum meum et Deum vestrum.

„Dein Gott wird mein Gott sein" — Ruth —

Vergessen von der Welt und von allem, außer Gott.

Nur auf den Wegen, die das Evangelium lehrt, ist er zu
finden.

Größe der menschlichen Seele

„Gerechter Vater, die Welt kennt dich nicht; ich aber kenne dich."

Freude, Freude, Freude und Tränen der Freude.

Ich habe mich von ihm getrennt.

Dereliquerunt me fontem aquae vivae.

„Mein Gott, warum hast du mich verlassen."

Möge ich nicht auf ewig von ihm geschieden sein.

„Das ist aber das ewige Leben, daß sie dich, der du allein wahrer Gott bist, und den du gesandt hast, Jesum Christum erkennen."

Jesus Christus!

Jesus Christus!

Ich habe mich von ihm getrennt, ich habe ihn geflohen, mich losgesagt von ihm, ihn gekreuzigt.

Möge ich nie von ihm geschieden sein.

Nur auf den Wegen, die das Evangelium lehrt, kann man ihn bewahren.

Vollkommene und liebevolle Entsagung.

usw.

Diese geheime Gewißheit Pascals, während er wie alle Welt spricht, bildet die innere Erregung, die aus seinen Worten uns anweht, der sich kaum jemand entziehen kann, und die ihn zugleich so widerspruchsvoll erscheinen ließ. Immer wieder leuchtet dies Wissen aus seinen Worten, am deutlichsten aber wird es in den Fragmenten, die von der Vernunft, von der Ordnung des Herzens handeln. Dort sagt er: „Das Herz hat seine Ordnung, der Geist hat die seine, die besteht in Grundsätzen und Beweisen. Das Herz hat eine andere. Man beweist nicht, daß man uns lieben solle, durch geordnete Darlegung der Ursachen der Liebe, das würde lächerlich sein" (Frgt. 30). Damit aber meint Pascal nicht,

was man heute, wenn man vom Herzen spricht, Gefühl oder
Intuition nennt, sondern er meint, daß wir durch dieses
Organ — durch einen Akt der Liebe — jener Seinsordnung
als endliche Größe verbunden sein können, die die Natur
und den Geist des Menschen übersteigt. Diese Sätze sind
nicht psychologisch, sie sind ontologisch gemeint, sie gehören in den Bereich der Gewißheit Pascals, die sich nicht
sagen, sondern nur realiter erfahren, „fühlen" läßt.

Diese Hinweise auf die Gründe, den Hintergrund der Gedanken Pascals müssen hier genügen. Denn nunmehr möchte
ich, wenn auch in äußerster Kürze, über die letzten Lebensjahre Pascals berichten. Da Pascal zu niemandem von dem
Erlebnis jener Stunden der Ekstasis sprach, wissen wir nichts
von der unmittelbaren Wirkung der Erfahrung. Doch wird
berichtet, daß er sich Anfang des Jahres 1655 nach Port-
Royal zurückzog, wie es die Solitaires der Jansenisten zu tun
pflegten, und daß er ihren Umgang suchte und Anteil an
den Fragen nahm, die sie beschäftigten. Das war bald
danach der Streit mit den Jesuiten, der um ein Buch des
Jansenius, das nach dessen Tode erschienen war, entbrannt
war. In diesen Streit griff Pascal mit der ganzen Schärfe
seiner unvergleichlichen Dialektik ein. Er schrieb in rascher
Folge kleine Briefe, die anonym erschienen und die sehr
großes Aufsehen erregten. Der letzte, der 18. Brief dieser
später „Lettres provinciales" genannten Briefe erschien im
Juli 1657. Mit ihm brach Pascal den Kampf ab. Die Lettres
provinciales blieben Fragment, ihr Inhalt kann uns heute
kaum erregen, die sprachliche Gewalt dieser Schrift aber
wirkt und wirkte ohne Unterlaß und nicht nur auf Racine
und Molière, die dort lernten.
Schon während Pascal die Lettres provinciales schrieb,
machte er sich Aufzeichnungen zu jenem Werk, dessen
Bruchstücke man nach seinem Tode gesammelt und unter

dem Titel Pensées, Gedanken, veröffentlicht hat. Dies sollte
eine Verteidigung der christlichen Religion gegen die Menschen werden, die sich damals zunehmend von ihr abwand-
ten, das waren die Menschen, die er genau kannte, wie denn
Miton z. B. mit Namen in den Pensées vorkommt. Pascal
wollte in seinem Werk das dialektische Spiel mit diesen
Menschen aufnehmen und sie dorthin bringen, daß sie sich
aufraffen, wenigstens Gott zu suchen, so wie es schließlich
der Partner tut, dem er das Argument der Wette (Frgt. 221)
vorträgt. Doch auch noch andere Pläne beschäftigten ihn
gleichzeitig, vor allem gelang ihm, dem Mathematiker,
die Lösung der Aufgabe der Zykloide, wobei er, ohne die
Symbole zu benutzen, eine Methode entwickelte, die man
als Integralrechnung bezeichnen darf. Außerdem faßte er
einen großen wirtschaftlichen Plan, von dem er sich sehr
viel versprach, dessen Einnahmen ihn instand setzen sollten,
den Armen großzügiger als bisher helfen zu können, denn
der Reichtum ist gut, um wohltätig zu sein, sagte er. Dieser
Plan betraf die Gründung einer Gesellschaft, die Wagen mit
festem Fahrplan und fester Route durch Paris fahren lassen
sollte, und diese Wagen sollte jedermann gegen geringes
Entgelt benutzen können. Was Pascal hier wollte, war bis
dahin unbekannt. Wir aber können die großen Städte ohne
solche Wagen mit fester Route und festem Fahrplan, ohne
die Omnibusse nicht mehr denken. Pascal bemühte sich, für
sein Projekt die Konzession zu erhalten und er erhielt sie
wirklich wenige Wochen vor seinem Tode.

Tätig wie kaum zuvor ist Pascal in diesen Jahren, bis ihn
im Frühjahr des Jahres 1659 die Krankheit zurückruft, die
von nun an steigend die Herrschaft über ihn gewinnt, so daß
er nur noch selten und mit großen Unterbrechungen arbeiten
kann. Und in eben dem Maße, in dem er um das nahende
Ende wußte, bereitete er sich zu einem heiligmäßigen Sterben vor, nahm er auch dies als eine geistige Aufgabe an.

Man kann nicht sagen, daß Pascal sich aus Schwäche von
der Wissenschaft abgewandt hätte, wohl aber, daß er jetzt
noch deutlicher als zuvor erkannte, was unwichtig und wichtig und was zum Schluß allein Bestand hat. So schrieb Pascal
im Sommer 1660 an Fermat einen der klassischen Briefe des
honnête homme, ja vielleicht den schönsten Brief dieser
geistigen Bildung. Dort sagte er von der Mathematik, daß
diese gewiß die höchste Übung des Geistes wäre, daß er sie
aber zugleich als nutzlos erkenne, ja daß er keinen Unterschied zwischen einem Handwerker und einem Mathematiker machen könne. „Obgleich ich sie — die Mathematik —
das schönste Handwerk der Welt nenne, ist sie doch nur ein
Handwerk", und er meint, daß Fermat mit ihm darin über-
einstimmen würde. Man sollte solche Aussage ein wenig genauer bedenken als es meist, wenn man über diese Äuße-
rung Pascals spricht, geschieht, denn man sollte sich daran
erinnern, daß es Pascal war, der als erster mathematische
Beziehungen, die der einfachen Rechenmethoden nämlich,
mechanisierbar gemacht hatte, der also wußte, daß hier
weniger die unsterbliche Seele als die Kunst des Handwerks
gefordert wird. Immer entzieht sich Pascal der Banalität,
mit der man ihn so oft überlegen abzutun versucht hat.

Die Schatten der Krankheit lichteten sich nicht mehr. Im
Herbst des Jahres 1661 starb seine Schwester Jacqueline,
man sagt, sie starb unter der Last des Streites, der die
Gläubigen, die Jansenisten und die andern Christen zerriß.
Auch Pascal blieb von den Erregungen dieses Streites, der
sehr bald zur Aufhebung des Klosters Port-Royal führte,
nicht unberührt. Doch je näher die Stunde seines Todes
kam, um so belangloser, scheint es, schien ihm der Streit,
um so eindeutiger bejahte er Jesus Christus und die Kirche,
die sein Leib ist, wo die Glieder den Willen des Körpers
lieben sollen (Frgt. 312). Kein Zweifel ist, daß er wußte,
daß die Wahrheit, um die wir streiten, immer ein Götze ist,

den wir uns machen, daß sie nie die Wahrheit sein kann, die Jesus Christus als Weg, als Wahrheit und als Leben ist.

Ihn allein suchte er in den letzten Wochen seines Lebens und zu Ihm bekannte er sich im Tode: „Daß mich Gott niemals verlassen möge", waren, wie berichtet wird, seine letzten Worte. Er starb in der ersten Stunde nach Mitternacht am 19. August 1662.

Ewald Wasmuth

Erster Teil

Elend und Größe des Menschen

Einleitung

Die Wissenschaft vom Menschen

1

Anordnung. Die Menschen verachten die Religion, sie hassen sie und fürchten, daß sie wahr sei. Um sie davon zu heilen, muß man zunächst zeigen, daß die Religion der Vernunft nicht widerspricht; daß sie verehrungswürdig ist, um ihr Achtung zu verschaffen; sie alsdann liebenswert machen, damit die Guten wünschen, daß sie wahr sei, und dann zeigen, daß sie Wahrheit ist.
Verehrung verdient sie, weil sie den Menschen so gut gekannt hat; liebenswert ist sie, weil sie das wahre Gut verheißt.   187

2

Unterwirft man alles der Vernunft, dann bleibt in unserer Religion nichts Geheimnisvolles, nichts Übernatürliches; wenn man gegen die Grundforderungen der Vernunft verstößt, dann wird unsere Religion sinnlos und lächerlich sein.
                                                                        273

3

Zwei Übertreibungen: Ausschluß der Vernunft. — Nur die Vernunft gelten lassen.   253

4

Das Wissen von Gott ohne Kenntnis unseres Elends zeugt
den Dünkel. Das Wissen unseres Elends ohne Kenntnis von
Gott zeugt die Verzweiflung. Das Wissen von Jesus Christus
schafft die Mitte, weil wir in ihm sowohl Gott als unser
Elend finden.   527

5

Nichts gibt es auf Erden, das nicht das Elend des Menschen
und zugleich das Erbarmen Gottes zeigt; sowohl die Ohn-
macht des Menschen ohne Gott, als auch die Macht des
Menschen mit Gott.   562

6

Eitelkeit der Wissenschaften. In Zeiten der Trübsal wird
mich die Kenntnis aller Dinge der äußern Welt nicht über
die Unkenntnis in der Sittenlehre trösten; aber das Wissen
um die Sittlichkeit wird mich immer über die Unkenntnis
der Dinge der äußern Welt trösten.   67

7

Ich habe lange Zeit dem Studium der reinen Wissenschaften
gewidmet, sie wurden mir aber verleidet, weil man zu wenig
Austausch mit andern darüber haben kann. Nachdem ich
das Studium der Menschen begonnen hatte, erkannte ich,
daß die reinen Wissenschaften dem Menschen nicht angemessen sind und daß ich mich über meine Seinslage, während ich sie studierte, mehr irrte als die, die von ihnen
nichts wissen. Ich habe den Menschen verziehen, daß sie so
wenig davon wissen. Aber bei der Beschäftigung mit dem
Studium des Menschen hoffte ich wenigstens, mehr Anteilnahme zu finden, und daß dieses dem Menschen wahrhaft

angemessen sei. Ich habe mich getäuscht, noch weniger
Menschen beschäftigen sich hiermit als mit der Geometrie.
Nur weil man nicht weiß, daß man den Menschen studieren
soll, beschäftigt man sich mit dem übrigen. Aber ist es
nicht so, daß auch das noch nicht die Wissenschaft ist, die
der Mensch haben müßte, und daß es besser ist, wenn er
in Unkenntnis über sich selbst bleibt, um glücklich zu sein?

144

8

Wie man sich den Geist verdirbt, verdirbt man sich auch
das Gefühl.
Geist und Gefühl bildet man durch Gespräche, Geist und
Gefühl verdirbt man sich durch Gespräche. Also bilden
oder verderben sie gute oder schlechte. Deshalb ist es vor
allem wichtig, daß man zu wählen versteht, um sie zu
bilden und nicht zu verderben, und diese Wahl kann man
nur treffen, wenn man sie schon gebildet und nicht verdorben hat. So ist hier ein Kreis, wo die glücklich sind, die
ihm entkommen. 6

9

Man muß in jedem Gespräch und jeder Unterhaltung denen,
die dadurch gekränkt sind, sagen können: Worüber beklagt
ihr euch? 188

10

Wollt ihr, daß man gut von euch denke, sprecht nicht davon.

44

11

Je mehr man Geist hat, findet man, daß es mehr eigenartige
Menschen gibt. Der große Haufe findet keinen Unterschied
unter den Menschen. 7

12

Jede ihrer Wahrheiten hat die Natur für sich gesetzt; unsere
Kunst schließt die eine in der andern ein, das aber ist nicht
natürlich. Jede steht an ihrem Ort.   21

13

*Unterschied zwischen dem Geist der Geometrie und dem
Geist des Feinsinns.* Die Prinzipien des einen sind hand-
greiflich, aber abseits alltäglicher Anwendung, deshalb
macht es Mühe, sich ihnen zuzuwenden, da die Gewohnheit
fehlt; sobald man sich aber ihnen zuwendet, übersieht man
die Prinzipien vollständig, und man müßte einen völlig
verkehrten Verstand haben, wenn man auf Grund von
Prinzipien, die so faßbar sind, daß es fast unmöglich ist,
daß sie uns entschlüpfen, falsch schließen sollte.
Die Prinzipien des Feinsinns aber sind im allgemeinen
Gebrauch und jedem vor Augen. Man braucht sich weder
nach ihnen umzuwenden noch sich Gewalt anzutun, man
braucht nur ein gutes Auge, das aber muß gut sein, denn
die Prinzipien sind so verstreut, und es gibt ihrer so viele,
daß es fast unmöglich ist, keins zu übersehen. Nun, läßt
man eins der Prinzipien fort, so führt das zum Irrtum, also
muß man einen sehr sichern Blick haben, um alle Prinzipien
zu sehen, und alsdann den rechten Verstand, um nicht
Falsches an Hand bekannter Prinzipien zu folgern.
Alle Mathematiker würden demnach, hätten sie gute Augen,
feinsinnig sein, denn an Hand der Prinzipien, die sie kennen, urteilen sie nicht falsch; und die Feinsinnigen würden
Mathematiker sein, könnten sie sich an den Anblick der
ungewohnten Grundsätze der Mathematik gewöhnen.
Der Grund, daß gewisse feinsinnige Menschen keine Mathematiker sind, ist, daß sie völlig unfähig sind, sich den

Prinzipien der Geometrie zuzuwenden; der Grund aber, daß
Mathematiker nicht feinsinnig sind, ist, daß sie nicht sehen,
was vor ihnen liegt und daß sie, gewöhnt an die deutlichen
und groberen Prinzipien der Geometrie, nur urteilen, nachdem sie die Prinzipien sich deutlich gemacht und angewandt
haben, so daß sie sich im Gebiete des Feinsinns verirren,
wo sich die Prinzipien nicht derart anwenden lassen. Diese
sieht man kaum, eher fühlt man sie, als daß man sie sieht,
und man hat unsägliche Mühe, diejenigen das Gefühl dafür zu lehren, die sie nicht selbst fühlen: derart feine und
zahlreiche Dinge gibt es hier, daß ein äußerst empfindliches
und genaues Empfindungsvermögen nötig ist, um sie zu
empfinden und um richtig und recht von dem Gefühl geleitet
zu urteilen, ohne daß man in den meisten Fällen fähig ist,
sie wie in der Geometrie schrittweise abzuleiten, weil man
hier die Prinzipien nicht derart besitzt und weil das zu
unternehmen eine Aufgabe ohne Ende sein würde. Man
muß sofort mit einem Blick das Ganze übersehen und nicht,
zum mindesten bis zu einem gewissen Grade, im Fortschritt
der Überlegung. Und also ist es selten, daß Mathematiker
feinsinnig und die feinsinnigen Köpfe Mathematiker sind,
weil die Mathematiker die Fragen des Feinsinns geometrisch
abhandeln wollen und sich lächerlich machen, wenn sie mit
Definitionen beginnen und an Hand der Prinzipien fort-
fahren wollen, was nicht die Art ist, wie man solcherart
Überlegungen anstellt. Nicht, daß der Verstand sie nicht
anstellte, aber er tut dies stillschweigend, natürlich und
kunstlos, denn der Ausdruck hierfür übersteigt alle Menschen, und das Gefühl hierfür eignet nur wenigen.
Im Gegensatz hierzu verschlägt es den Feinsinnigen, die
so daran gewöhnt sind, spontan zu urteilen, den Atem,
wenn man ihnen Lehrsätze vorlegt, von denen sie nichts
verstehen, und wo man, um einzudringen, erst die so un-
fruchtbaren Definitionen und Prinzipien durchschreiten muß,

die sie so im einzelnen zu sehen nicht gewohnt sind, so daß
sie den Mut verlieren und Widerwillen empfinden.

Aber die Wirrköpfe sind niemals, weder feinsinnig noch
Mathematiker.

Die Mathematiker, die nichts als Mathematiker sind, haben
demnach einen klaren Verstand, vorausgesetzt, daß man
ihnen alles durch Definitionen und Prinzipien erklärt, sonst
sind sie wirr und unerträglich, denn sie denken nur richtig
an Hand deutlich gemachter Prinzipien.

Und die Feinsinnigen, die nichts als feinsinnig sind, sind
unfähig, die Geduld aufzubringen, bis zu den ersten Prinzipien der Spekulation und Abstraktion vorzudringen, denen
sie in der Welt niemals begegnet sind und die man dort
nie braucht. 1

14

Geometrie, Feinsinn. Echte Beredsamkeit spottet der Beredsamkeit, wahre Sittlichkeit spottet der Sittenlehre, das
heißt, die Sittlichkeit des Entscheidens spottet der Sittenlehre der Vernunft, die ohne Richtschnur ist.

Denn die Entscheidung ist: was zum Gefühl gehört, wie die
Wissenschaften zum Verstand gehören. Der Feinsinn hat
Anteil an der Entscheidung, die Geometrie an der Vernunft.
Der Philosophie spotten, das ist wahrhaft philosophieren.
4

15

Wenn man nicht weiß, wie es um etwas in Wahrheit bestellt
ist, dann ist es gut, wenn es einen allgemein geglaubten
Irrtum gibt, der das Denken der Menschen festlegt, etwa
zum Beispiel: der Mond, dem man den Wechsel der Jahres-
zeiten und den Fortschritt der Krankheiten usw. zuschreibt.
Denn die wichtigste Krankheit des Menschen ist die durch
die Dinge, die er nicht wissen kann, beunruhigte Neugierde;

und es ist für ihn nicht so schädlich, in dem Irrtum befangen
zu sein, wie in solch nutzloser Neugierde.

Die Art, in der Epiktet, Montaigne und Salomon de Tultie
schreiben, ist die brauchbarste, die am besten eingeht und
die sich am besten dem Gedächtnis einprägt und sich am
häufigsten zitieren läßt, weil sie völlig aus Gedanken
besteht, die in den gewöhnlichen Unterhaltungen des Lebens entstanden sind; etwa, wenn man über den verbrei-
teten Irrtum sprechen wird, was der Mond alles verursachen
soll, wird man niemals verfehlen anzumerken, daß Salomon
de Tultie sagt, daß es gut wäre, daß es, wenn man die
Wahrheit einer Sache nicht kennt, einen allgemein geglaubten Irrtum gäbe usw., was vorne gesagt wurde.   18

16

Die, die über ein Werk ohne Richtschnur urteilen, verhalten sich zu den andern wie die, die eine Uhr haben,
sich zu den andern verhalten. Einer sagt: seit zwei Stunden,
der andere sagt: erst seit dreiviertel Stunden. Ich sehe auf
meine Uhr und sage dem einen: Sie langweilen sich, und
dem andern: die Zeit wird ihnen nicht lang; denn es waren
anderthalb Stunden — und ich spotte jener, die meinen,
die Zeit würde mir lang, und ich urteilte darüber nach
Laune: sie wissen nicht, daß ich mit Hilfe meiner Uhr urteile.

5

17

Die Natur ahmt sich nach: ein Korn in gute Erde gesät,
bringt Frucht; ein Grundsatz in rechten Geist gesät, bringt
Frucht. Die Zahlen ahmen den Raum nach, von dem sie an
sich so verschieden sind.

Alles ist von dem gleichen Meister geschaffen und geleitet:
die Wurzel, die Zweige, die Früchte; die Grundsätze, die
Folgerungen.   119

18

Begegnet man einem natürlichen Stil, ist man völlig überrascht und entzückt, denn man erwartete einem Autor zu
begegnen, und man trifft einen Menschen. Während die, die
guten Geschmack haben und die bei der Begegnung mit
einem Buch erwarten, einen Menschen zu treffen, ganz erstaunt sind, einem Autor zu begegnen: Plus poetice quam
humane locutus es[1]. Die machen der Natur Ehre, die sie
lehren, daß sie von allem, selbst von der Theologie sprechen
kann.   29

19

Es gibt ein bestimmtes Vorbild des Gefallens und der
Schönheit. Es besteht in einer gewissen Beziehung zwischen
unserer Natur so wie sie ist, sei sie nun stark oder schwach,
mit der Sache, die uns gefällt.
Alles, was nach diesem Vorbild gebildet ist, gefällt uns:
sei es ein Haus, ein Lied, eine Rede; seien es Verse, Prosa,
Frauen, Vögel, Flüsse, Bäume, Zimmer, Kleider usw.
Alles, was nicht nach diesem Vorbild gemacht ist, mißfällt
denen, die guten Geschmack haben.
Und wie es zwischen einem Lied und einem Haus, die nach
dem guten Vorbild gemacht sind, eine vollkommene Ent-
sprechung gibt, weil jedes auf seine Art diesem einzigen
Vorbild ähnlich ist, so gibt es auch eine vollkommene Ent-
sprechung zwischen Dingen, die nach dem schlechten Vorbild gemacht sind. Zwar ist es nicht so, daß es nur ein
einziges schlechtes Vorbild gäbe, denn deren gibt es unendlich viele. Aber jedes schlechte Sonett z. B., nach welchem
falschen Vorbild es immer gemacht sei, gleicht völlig einer
Frau, die sich nach dem gleichen Vorbild kleidet.

---

[1] Er sprach mehr als Dichter denn als Mensch (Petronius).

Nichts macht deutlicher, wie lächerlich ein schlechtes Sonett ist, als sich die Natur und das Vorbild, die dazu gehören, vorzustellen und sich dann eine Frau oder ein Haus zu denken, die nach diesem Vorbild gemacht sind.   32

20

Man darf weder sagen können: er ist „Mathematiker", noch „Prediger", noch „beredt", sondern er ist ein rechtschaffener Mensch (honnête homme), nur diese umfassende Eigenschaft gefällt mir. Erinnert man sich, wenn man einen Menschen trifft, an sein Buch, so ist das ein schlechtes Zeichen; ich wünschte, man bemerke keine Fähigkeit als die, die der Zufall und die Umstände anzuwenden erfordern. — Ne quid nimis[1] — damit nicht eine Fähigkeit den Ausschlag gibt und man abstempelt und man nicht meint, er spricht gut, es sei denn, daß es sich darum handelt, gut zu sprechen, und man es dann aber meint.   35

21

Wenig von allem. Da man nicht umfassend sein und nicht alles von allem wissen kann, muß man von allem etwas wissen. Denn es ist viel schöner, von allem etwas zu wissen, als alles von einem zu wissen; diese umfassende Bildung ist die schönste. Könnte man beide haben, noch besser. Wenn man aber wählen muß, muß man jene wählen, und die Welt spürt das und handelt danach, und die Welt ist oft ein guter Richter.   37

22

Man überzeugt sich im allgemeinen besser durch Gründe, die man selber gefunden hat, als durch die, die andern eingefallen sind.   10

---

[1] Nichts im Übermaß.

23

Wenn eine ungekünstelte Rede eine Leidenschaft oder ihre
Wirkung schildert, findet man in sich selbst die Wahrheit
dessen, was man hört, von der man nicht wußte, daß man
sie besaß, und deshalb ist man bereit, den zu lieben, der sie
uns empfinden läßt, denn er hat uns gezeigt, was wir
besitzen, nicht, was er besitzt. Und das macht ihn uns
liebenswert, abgesehen davon, daß die Übereinstimmung
des Denkens unser Herz notwendig zur Liebe geneigt macht.

14

24

Beredsamkeit. Gefallendes und Wirkliches sind nötig; aber
das Gefallende muß selbst der Wahrheit entnommen sein.

25

25

Die Beredsamkeit ist ein Gemälde des Gedankens und derart, daß jene, die, nachdem sie es malten, noch hinzufügen,
ein Phantasiebild statt eines Portraits machen.   26

26

Ein und der gleiche Sinn wandelt sich mit den Worten, die
ihn ausdrücken. Aus den Worten empfängt der Sinn seine
Würde, anstatt daß er sie ihnen gibt. Man muß Beispiele
hierfür suchen.   50

27

Man sage nicht, ich hätte nichts Neues gesagt: die Anordnung des Stoffes ist neu. Jeder spielt, wenn man Ball spielt,
mit dem gleichen Ball, aber einer setzt ihn besser.
Ich werde ebenso zufrieden sein, wenn man mir sagt, ich

hätte alte Worte benutzt. Als ob die gleichen Gedanken in
verschiedener Anordnung nicht einen andern Satzkörper
bildeten, wie die gleichen Worte durch verschiedene Anordnung andere Gedanken.   22

28

Verschiedene Folge der Worte gibt verschiedenen Inhalt,
und verschiedene Folge der Inhalte gibt verschiedene Wirkung.   23

29

Nicht bei Montaigne, sondern in mir selbst finde ich alles,
was ich dort sehe.   64

30

*Anordnung; gegen den Einwurf, der Schrift fehle es an Ord-
nung.* Das Herz hat seine Ordnung; der Geist hat die seine,
die besteht in Grundsätzen und Beweisen.
Das Herz hat eine andere. Man beweist nicht, daß man
uns lieben solle, durch geordnete Darlegung der Ursachen
der Liebe, das würde lächerlich sein.
Jesus Christus, Paulus folgen der Ordnung der Gottesliebe,
nicht der des Geistes; sie wollten nicht unterrichten, sondern entzünden; ebenso Augustinus: diese Ordnung besteht
hauptsächlich darin, daß man bei jedem Punkt ausführlich
ist, der in Bezug zu dem Ziel steht, um immer darauf zu
weisen.   283

31

Man muß sich selbst kennen: dient das nicht dazu, die
Wahrheit zu finden, so dient es zum mindesten dazu, unser
Leben zu leiten, und Richtigeres gibt es nicht.   66

32

Wirklich rechtschaffene und wohlerzogene Menschen zu sein,
lehrt man die Menschen nicht, alles übrige lehrt man sie;
und auf nichts, was sie sonst wissen, bilden sie sich so viel
ein wie darauf, rechtschaffene und wohlerzogene Menschen
zu sein. Nur das einzige, was sie nicht lernen, brüsten sie
sich zu kennen.　　　　　　　　　　　　　　　　68

Die Stellung des Menschen in der Natur

33

Weshalb ist meine Erkenntnis beschränkt, weshalb meine
Gestalt, weshalb die Dauer meines Lebens auf hundert
Jahre statt auf tausend? Welche Gründe hat die Natur
gehabt, sie mir so zu geben und grade diese Zahl statt einer
andern unter der Unendlichkeit auszuwählen, wo sie doch
keinen Grund hat, die eine eher als eine andere zu wählen
und nichts mehr für die eine als für die andere stimmt.

208

34

Bedenke ich die kurze Dauer meines Lebens, aufgezehrt von
der Ewigkeit vorher und nachher; bedenke ich das bißchen
Raum, den ich einnehme, und selbst den, den ich sehe,
verschlungen von der unendlichen Weite der Räume, von
denen ich nichts weiß und die von mir nichts wissen, dann
erschaudere ich und staune, daß ich hier und nicht dort bin;
keinen Grund gibt es, weshalb ich grade hier und nicht dort
bin, weshalb jetzt und nicht dann. Wer hat mich hier eingesetzt? Durch wessen Anordnung und Verfügung ist mir

dieser Ort und diese Stunde bestimmt worden? Memoria
hospitis unius diei praetereuntis[1].   205

35

Mißverhältnis des Menschen. (Dorthin führen uns also
unsere Einsichten in die Natur. Wenn sie der Wahrheit nicht
gemäß sind, gibt es keine Wahrheit im Menschen, und wenn
sie es sind, so findet er darin einen großen Anlaß zur Demütigung; so oder so ist er gezwungen, sich zu beugen. Und
da er, ohne an sie zu glauben, nicht leben kann, wünsche
ich, daß er, bevor er die umfassendere Untersuchung der
Natur beginnt, ernsthaft und ausgiebig darüber nachdenkt
und daß er zugleich sich selbst schaut, und wissend, welches
Verhältnis ihm zu ihr eignet . . .)
Also bedenke der Mensch die ganze Welt in ihrer hohen
und weiten Herrlichkeit, er banne aus seinem Blick das
Niedrige, das ihn umgibt. Er schaue das blendende Licht,
das, um das All zu erhellen, wie eine ewige Leuchte gegeben
ist, und die Erde werde ihm im Vergleich zu der weiten
Bahn, die dieses Gestirn beschreibt, wie ein Punkt, und er
erschaudere, daß diese weite Bahn selbst nur ein unmerk-
licher Punkt ist jenen Bahnen gegenüber, die die Sterne
durch das Firmament ziehen, das sie alle umhüllt. Aber
wenn unser Schauen dort stockt, die Einbildungskraft gehe
weiter: sie wird eher im Erfassen als die Natur im Zeigen
ermatten. Die ganze sichtbare Welt ist nur ein unmerk-
licher Zug in der weiten Höhlung des Alls. Keinerlei Begreifen kommt ihr nahe. Wir können unsere Vorstellungen
von ihr aufblähen über die letzt denkbaren Räume hinaus,
was wir zeugen, sind, verglichen mit der Wirklichkeit der
Dinge, Winzigkeiten. Es ist eine unendliche Kugel, deren

---

[1] Und wie man eines vergißt, der nur einen Tag Gast gewesen ist.
Weisheit Salomo V, 15.

Mittelpunkt überall und deren Oberfläche nirgends ist. Das
ist am Ende die mächtigste, den Sinnen noch faßbare Eigenschaft der Allmacht Gottes. Unsere Einbildungskraft verliere sich in diesem (unfaßbaren) Gedanken.

Zurückgekehrt zu sich selbst, bedenke der Mensch, was er
ist, demgegenüber, was ist, er betrachte sich als verirrt in
diesem versprengten Winkel der Welt, und von diesem engen
Verließ aus, wo er sich befindet — ich meine damit das
Universum — lerne er die Erde, die Königreiche, die Städte
und sich selbst nach seinem wahren Wert einzuschätzen.

Was ist ein Mensch in der Unendlichkeit?

Aber um ihm ein anderes, ebenso erstaunliches Wunder zu
zeigen, sollte er unter dem, was er kennt, das Winzigste
(Ungreifbarste) suchen. In der Winzigkeit ihres Körpers
weise ihm eine Milbe die unvergleichlich viel kleineren
Teile, Gliedmaßen mit Gelenken, Adern (Nerven) in die
Gliedmaßen, Blut in den Adern, Säfte im Blut, Tropfen in
diesen Säften, Gase in diesen Tropfen; so erschöpfe er seinen
Geist, in seiner Vorstellung diese letzten Dinge teilend und
teilend, und das letzte, an was er so gelangen kann, sei
nunmehr Gegenstand unserer Untersuchung; denn vielleicht
wird man meinen, hier wäre das äußerst Kleine der Welt.
Ich will ihm darin die unendliche Größe zeigen.

Einen neuen Abgrund will ich ihn darin schauen lassen.
Nicht nur das sichtbare Weltall will ich zeichnen, sondern
auch die Unermeßlichkeit, die man im Bereich des immer
verkürzten Atoms von der Natur erfassen kann. Hierin
schaue er eine Unermeßlichkeit von Welten, jegliche habe
ihren Weltraum, ihre Planeten, ihre Erde und alles im
gleichen Verhältnis der sichtbaren Welt; auf dieser Erde
Tiere und endlich Milben, wo er wieder finden wird, was
die ersten zeigten; und in ihnen das Gleiche ohne Ende und
Abschluß findend, verliere er sich in diesen Wundern, die
in ihrer Winzigkeit gleich erstaunlich sind wie die andern

in ihrer Weite. Denn wer wird nicht staunen, daß unser
Körper, der eben unmerkbar in der Welt war, die selbst
unfaßbar in der Höhlung des Alls ist, jetzt ein Koloß, eine
Welt oder vielmehr ein All ist, gegenüber dem Nichts, wo
wir nie hingelangen können.

Wer sich derart sehen wird, wird vor sich selber erschaudern,
und wenn er sich so sich selbst vorstellt, geprägt in den
Stoff, den die Natur ihm zuteilte, zwischen den beiden Abgründen des Unendlichen und des Nichts, wird er erbeben
vor der Schau dieser Wunder, und ich glaube, daß, wenn
sich seine Neugierde in Bewunderung verwandelt hat, er
eher bereit sein wird, in Stille darüber nachzusinnen als sie
anmaßend erforschen zu wollen.

Denn, was ist zum Schluß der Mensch in der Natur? Ein
Nichts vor dem Unendlichen, ein All gegenüber dem Nichts,
eine Mitte zwischen Nichts und All. Unendlich entfernt von
dem Begreifen der äußersten Grenzen, sind ihm das Ende
aller Dinge und ihre Gründe undurchdringlich verborgen,
unlösbares Geheimnis; er ist gleich unfähig, das Nichts zu
fassen, aus dem er gehoben, wie das Unendliche, das ihn
verschlingt.

Was also wird er tun, wenn er nichts anderes erkennt als
in etwas den Anschein von der Mitte der Dinge, weil er
weder ihren Grund noch ihr Ende erkennt? Alle Dinge ent-
wachsen dem Nichts und ragen bis in das Unendliche. Wer
kann diese erschreckenden Schritte mitgehen? Der Schöpfer
dieser Wunder begreift sie; niemand anderes vermag es.
Weil die Menschen versäumten, über diese Unendlichkeiten
nachzudenken, unterfingen sie sich, die Natur zu erforschen,
so als hätten sie irgendein gemeinsames Maß mit ihr.
Rätselhaftes Ding, daß sie in einer Anmaßung, die so unendlich wie ihr Gegenstand ist, die Gründe der Dinge verstehen und dahin gelangen wollten, alles zu wissen. Denn
es ist außer Zweifel, daß man diesen Plan nicht fassen

kann ohne eine Anmaßung oder eine Fähigkeit so unendlich wie die Natur . . .

Ist man belehrt, so versteht man: weil die Natur ihr Bild
und das ihres Schöpfers allen Dingen aufgeprägt hat, haben
sie fast alle an ihrer doppelten Unendlichkeit teil. So etwa
bemerken wir, daß alle Wissenschaften unendlich in der
Ausdehnung ihrer Probleme sind; denn wer zweifelt z. B.,
daß die Geometrie eine unendliche Unendlichkeit von Lehrsätzen vorzulegen hat? Sie sind sowohl unendlich in der
Anzahl wie der Schwierigkeit ihrer Prinzipien; denn, wem
ist nicht deutlich, daß die, die man für die letzten ausgibt,
nicht in sich selbst bestehen, sondern daß sie sich auf andere
stützen, die wieder andere als Grundlage haben, kein Ende
duldend. Wir aber machen mit den letzten, die der Vernunft
faßbar sind, was man mit den stofflichen Dingen tut, wo
wir einen Punkt unteilbar nennen, jenseits dessen wir sinnlich nichts mehr wahrnehmen können, obgleich er und auf
Grund seiner Natur unendlich teilbar bleibt.

Von diesen beiden Unendlichen in der Wissenschaft ist die
der Größe sehr viel deutlicher, und deshalb ist es nur
wenigen unterlaufen, daß sie vorgaben, alles behandeln zu
wollen. „Von allem will ich sprechen", sagte Demokrit.

Die Unendlichkeit im Kleinen aber ist viel weniger deutlich,
und viel häufiger haben die Philosophen vorgegeben, sie
wären dorthin gelangt, und dort ist es, wo alle gescheitert
sind. Das ist der Anlaß jener geläufigen Titel: Von den
Prinzipien der Dinge, von den Prinzipien der Philosophie
und ähnlicher, die, wenn auch äußerlich bescheidener, nicht
weniger protzend sind als jener, der die Augen verbrennt:
„De omni scibili."

Es ist natürlich, daß man sich für fähiger hält, an den
Mittelpunkt der Dinge zu gelangen, als ihren Umfang zu
umfassen, denn die sichtbare Ausdehnung der Welt über-
trifft uns augenscheinlich; da wir es aber sind, die die

winzigen Dinge übertreffen, halten wir uns für fähiger, sie
zu besitzen, und doch ist die geforderte Fähigkeit, um das
Nichts zu erreichen, um nichts geringer als die, die nötig
ist, um bis zum All zu gelangen; in diesem und jenem Fall
muß sie unendlich sein, und ich glaube, wer die letzten
Gründe der Dinge verstanden hätte, der würde auch dahin
gelangen können, das Unendliche zu begreifen; das eine
hängt vom andern ab, und das eine führt zum andern. Diese
äußersten Enden berühren sich und vereinigen sich allein
durch ihr Getrenntsein, und sie finden sich wieder in Gott,
und in Gott allein.

Machen wir uns also unsere Fähigkeit klar; wir sind etwas,
aber wir sind nicht alles, was wir vom Sein haben, beraubt
uns der Erkenntnis der ersten Gründe, die das Nichts
gebiert, und das Wenige, das wir vom Sein haben, verdeckt
uns die Schau des Unendlichen.

Unter den Intelligiblen nimmt unsere Vernunft die gleiche
Stellung ein, die unser Körper unter den Größen der Natur
hat. — In jeder Hinsicht beschränkt; diese Lage, die die
Mitte zwischen zwei Extremen hält, gilt für jedes unserer
Vermögen. Kein Übermaß ist sinnlich wahrnehmbar, zu viel
Lärm macht taub, zu viel Licht blendet, was zu weit ist und
was zu nah ist, hindert das Sehen; übertriebene Länge und
zu große Knappheit der Rede verdunkeln den Sinn, zu viel
Wahrheit betäubt uns: ich kenne welche, die nicht begreifen können, daß Null weniger vier Null ist, die ersten
Grundsätze sind zu einleuchtend für uns; zu viel Freude
wird unbequem, zu viel Konsonanzen mißfallen in der Mu-
sik, zu viel Wohltat irritiert, wir wollen die Möglichkeit
haben, die Schuld zu überzahlen; „Beneficia eo usque laeta
sunt dum videntur exsolvi posse; ubi multum antevenere,
pro gratia odium redditur"[1]. Weder empfinden wir die

---

[1] Wohltaten sind solange angenehm, als man hofft, sie entgelten zu
können, ihr Zuviel wandelt die Dankbarkeit in Haß (Tacitus).

höchsten Grade der Hitze noch die der Kälte. Das Über-
mäßige ist uns feindlich und sinnlich unerkennbar, wir
empfinden es nicht mehr, wir erleiden es. Zu große Jugend
und zu hohes Alter hemmen den Geist, ebenso zu viele und
zu wenig Kenntnisse. Kurz und gut, alle Extreme sind, als
wären sie für uns nicht vorhanden und wir nicht für sie;
sie entschlüpfen uns oder wir ihnen.

Das ist unsere wirkliche Lage. Sie ist es, die uns unfähig
macht, etwas gewiß zu wissen und restlos ohne Wissen zu
sein. Auf einer unermeßlichen Mitte treiben wir dahin,
immer im Ungewissen und treibend und von einem Ende
gegen das andere gestoßen. An welchen Grenzpfahl immer
wir uns binden und halten möchten, jeder schwankt und
entschwindet, und wenn wir ihm folgen, entschlüpft er
unserm Griff und entgleitet uns und flieht in einer Flucht
ohne Ende. Nichts hält uns zuliebe an. Das ist die Lage,
die uns natürlich ist und in jedem Fall die gegensätzlichste
zu unsern Wünschen; wir brennen vor Gier, einen festen
Grund zu finden und eine letzte beständige Basis, um darauf einen Turm zu bauen, der bis in das Unendliche ragt;
aber all unsere Fundamente zerbrechen, und die Erde öffnet
sich bis zu den Abgründen.

Also suche man keine Sicherheit und Beständigkeit. Immer
täuscht die Vergänglichkeit der Erscheinungen unsere Vernunft, nichts kann das Endliche zwischen den beiden Unendlichen bannen, die es einschließen und es fliehen. Hat
man das recht begriffen, so wird man sich, glaube ich, ruhig
verhalten und jeder in der Lage, wohin ihn die Natur
gestellt hat.

Was zählt es, da diese Mitte, die uns zuteil geworden ist,
immer gleich weit von den Extremen entfernt ist, ob ein
anderer etwas mehr von den Dingen weiß? Tut er das, so
sieht er sie aus etwas größerer Höhe, aber ist er nicht
immer unendlich entfernt von der Grenze, und ist die

Dauer unseres Lebens, wenn wir zehn Jahre länger leben,
nicht gleichfalls unendlich entfernt von der Ewigkeit? Im
Angesicht dieser Unendlichen sind alle Endlichen gleich,
und ich sehe keinen Grund, weshalb unsere Einbildung sich
lieber diesem als jenem verbinden sollte. Nur der Vergleich
zwischen uns und Endlichem macht uns Kummer.

Würde der Mensch damit beginnen, sich selbst zu erforschen, würde er erfahren, wie unfähig er ist, über sich hin-
auszugelangen. Wie sollte es möglich sein, daß ein Teil das
Ganze kenne? Aber vielleicht wird er beanspruchen, wenigstens die Teile zu kennen, die ein gemeinsames Maß mit
ihm haben? Aber die Teile der Welt stehen alle derart in
Zusammenhang, sind so miteinander verflochten, daß ich es
für unmöglich halte, einen ohne den andern und ohne das
Ganze zu verstehen.

Der Mensch zum Beispiel steht in Beziehung zu allem, was
er kennt. Er braucht Raum, den er ausfüllt, Zeit, um zu
dauern, Bewegung, um zu leben, Elemente, die ihn auf-
bauen, Wärme und Nahrung, um sich zu ernähren, Luft,
um zu atmen; er sieht das Licht, er fühlt die Körper; kurz:
alles ist ihm verbunden. Also muß man, um zu verstehen,
was der Mensch ist, wissen, weshalb er, um leben zu können, Luft braucht, und um zu verstehen, was die Luft ist,
müßte man wissen, wodurch sie in dieser Beziehung zum
Leben steht usw. Die Flamme brennt nicht ohne die Luft;
also, um eins zu kennen, muß man das andere kennen. Da
also alle Dinge verursacht und verursachend sind, bedingt
und bedingend, mittelbar und unmittelbar, und da alle
durch ein natürliches und unfaßbares Band verbunden sind,
das das Entfernteste und Verschiedenste umschlingt, halte
ich es weder für möglich, die Teile zu kennen, ohne daß man
das Ganze kenne, noch für möglich, daß man das Ganze
kenne, ohne im Einzelnen die Teile zu kennen.

(Die Ewigkeit der Dinge, bestehe sie an sich oder in Gott,

soll uns weiter ob der kurzen Dauer unseres Lebens mit
Staunen erfüllen. Und die gleiche Wirkung soll die feste
und beständige Unbeweglichkeit der Natur im Vergleich mit
uns und der ständigen Wandlung, die in uns geschieht,
üben.)

Das aber, was unsere Unmacht, die Dinge zu begreifen,
vollendet, ist, daß sie selbst einfach und daß wir aus zwei
wesensverschiedenen und gegensätzlichen Naturen zusammengesetzt sind: aus Seele und Körper. Denn es ist
unmöglich, daß der Teil, der in uns denkt, anders als
geistig sei, und wenn man behaupten wollte, wir wären
schlechthin körperlich, so würde uns dies noch mehr vom
Verstehen der Dinge entfernen, denn nichts ist unverständ-
licher als die Aussage, daß die Materie sich selbst erkenne,
es ist uns nicht möglich zu begreifen, wie sie sich selbst
erkennen könnte.

Wären wir also rein stofflich, könnten wir gar nichts erkennen, sind wir aber aus Geist und Stoff zusammengesetzt,
so können wir die reinen Dinge, seien sie geistig oder
körperlich, nicht wahrhaft verstehen.

Das ist der Grund, daß fast alle Philosophen die Begriffe
der Dinge durcheinanderwerfen und entweder von den
körperlichen Dingen wie von geistigen oder von geistigen
wie von körperlichen Dingen sprechen. Denn unbekümmert
sagen sie, daß die Körper nach unten streben, daß sie an
den Mittelpunkt zu gelangen wünschen, daß sie ihre Zerstörung fliehen, daß sie die Leere fürchten, daß sie Neigungen, Sympathien, Antipathien haben, was alles Eigenschaften sind, die nur dem Geiste zukommen. Handeln sie
aber vom Geist, so betrachten sie ihn als an einem Ort
befindlich, und sie schreiben ihm Bewegung von einem Ort
zum andern zu, was wieder nur den Körpern eigentüm-
lich ist.

Statt die Begriffe den reinen Dingen zu entnehmen, färben

wir sie mit unsern Eigenschaften, und wir prägen allen
einfachen Dingen, über die wir nachdenken, unsere zu-
sammengesetzte Wesenheit auf.

Sollte man dann nicht glauben, wenn man bemerkt, daß
wir alles aus Körper und Geist zusammensetzen, diese
Mischung sei für uns leicht verständlich? Indessen ist sie
das, was wir am wenigsten verstehen. Der Mensch ist sich
selbst das rätselhafteste Ding der Natur, denn er kann nicht
begreifen, was Körper, und noch weniger, was Geist ist und
am wenigsten von allem, wie ein Körper mit einem Geist
vereint sein könne. Das ist der Gipfel aller Schwierigkeiten
und indessen ist es unser eigenes Wesen: Modus quo cor-
poribus adhaerent spiritus comprehendi ab hominibus non
potest, et hoc tamen homo est[1].

Und um nun den Beweis unserer Schwäche zu vollenden,
werde ich mit den folgenden zwei Überlegungen schließen.

72

36

Das ewige Schweigen dieser unendlichen Räume macht mich
schaudern. 206

37

Wie viele Königreiche wissen von uns nichts. 207

Vom Wahn

38

Dem Geist ist der Glaube und dem Willen die Liebe natürlich, deshalb müssen sie sich falschen verbinden, wenn ihnen
die wahren Gegenstände fehlen. 81

---

[1] Die Art, wie die Geister dem Körper verbunden sind, ist dem Menschen unbegreiflich, und doch ist solch Wesen der Mensch (Augustinus).

39

Wenn man mit Erfolg entgegnen und einem andern aufzeigen will, daß er sich irrt, muß man darauf achten, von
welcher Seite er die Sache ansieht. Denn von hier aus
gesehen, ist sie meist wahr; und diese Wahrheit muß man
ihm zugeben, ihm dann aber die Seite aufzeigen, von wo aus
sie falsch ist. Damit wird er zufrieden sein, denn er sieht,
daß er sich nicht täuschte und daß er nur versäumte, sie
von allen Seiten zu sehen. Nun, man ärgert sich nicht darüber, nicht alles gesehen zu haben, aber man will sich nicht
getäuscht haben. Und das kommt vielleicht daher, weil der
Mensch natürlich nicht alle Seiten sehen und weil er sich
natürlich nicht in der irren kann, die er gerade betrachtet,
wie z. B. die Sinneseindrücke immer wahr sind.   9

40

So ist der Mensch; sagt man ihm oft, er sei ein Tor, so
glaubt er es, und er braucht es sich nur selbst zu sagen, so
redet er es sich ein. Denn der Mensch führt innerlich mit
sich ein Gespräch, das man richtig leiten muß. „Corrumpunt
bonos mores colloquia prava[1]." Soviel man kann, soll man
schweigen und nur mit Gott im Zwiegespräch sein, von dem
man weiß, daß er die Wahrheit ist, und so überzeugt man
sich selbst.   536

41

Der Wahn vergrößert das Kleine, bis es unsere Seele mit
einer truggebildeten Wertung erfüllt; und mit einer tollen
Anmaßung verkleinert er das Große auf sein Maß; so:
wenn man von Gott spricht.   84

---

[1] Böse Reden verderben gute Sitten. 1. Kor. XIV, 33.

Wahn. Der Wahn ist der ihn beherrschende Teil des Menschen, Herr des Irrtums und des Falschen, und um so arg-
listiger ist er, weil er es nicht immer ist; denn er wäre
untrügliches Kennzeichen der Wahrheit, wenn er das un-
trügliche Kennzeichen der Lüge sein würde. Aber obgleich
er meist falsch ist, gibt es kein Merkmal seines Wesens, da
das Wahre und das Falsche gleiches Zeichen tragen.
Ich meine nicht die Narren, von den Klügsten rede ich;
grade ihnen verleiht die Kraft des Wahnes die hohe Gabe,
Menschen zu überzeugen. Mag sich die Vernunft darüber
empören, sie kann nicht den Wert der Dinge bestimmen.
Dieses stolze Vermögen, Feindin der Vernunft, die sich
darin gefällt, diese zu leiten und zu beherrschen, hat, um
zu beweisen, was sie kann, im Menschen eine zweite Natur
aufgebaut. Sie hat ihre Glücklichen, ihre Unglücklichen, ihre
Gesunden, ihre Kranken, ihre Reichen, ihre Armen, sie
macht, daß man der Vernunft glaubt, sie bezweifelt, leugnet;
sie schaltet die Sinne aus und weckt sie; sie hat ihre Narren
und ihre Weisen; und nichts empört uns mehr, als zuzusehen, wie sie die, die bei ihr gasten, mit einer Befrie-
digung erfüllt, viel vollständiger und umfassender, als es
die Vernunft vermag. Die Geschickten des Wahnes gefallen
sich selbst viel besser, als sich die Klugen vernünftigerweise
gefallen können. Sie betrachten die Menschen herrisch, sie
streiten kühn und zuversichtlich, die andern furchtsam und
unsicher; und die Heiterkeit ihrer Miene verschafft ihnen
oft genug den Vorteil im Urteil ihrer Zuhörer; so hoch
stehen die sich weise Wähnenden in der Gunst gleich-
gearteter Richter. Der Wahn kann keine Narren zu Weisen
machen; aber er macht sie glücklich, was die Vernunft
neidet, die ihre Freunde nur elend zu machen vermag, er
schenkt den Ruhm, sie die Verachtung.

Wer verfügt über den Ruf, wer verschafft den Menschen, den Werken, den Gesetzen, den Hochgestellten Achtung und Verehrung, wenn nicht diese Zunft der Freunde des Wahns? Alle Reichtümer der Welt sind nichts ohne ihre Bestätigung!

Sollte man nicht glauben, daß ein Ratsherr, dessen ehrwürdiges Alter jeglichem Achtung abnötigt, sich durch klare und reine Vernunfturteile leiten lasse und daß er jegliches seiner Wesenheit gemäß beurteile, ohne sich bei zufälligen Nichtigkeiten aufzuhalten, die nur die Einbildung schwacher Menschen beeindrucken. Seht ihn, wie er zur Predigt geht, erfüllt von ergebener Bereitschaft, die Festigkeit seiner Vernunft durch die Glut der Frömmigkeit zu stärken, und ganz bereit, mit vorbildlicher Sammlung zuzuhören. Ich wette, wenn dann der Prediger erscheint und gleichgültig, was für erhabene Wahrheiten er mitteilt, unser Ratsherr verliert seine ganze Würde, wenn jener von Natur eine krächzende Stimme und ein fratzenhaftes Gesicht hat, wenn der Barbier ihn schlecht rasiert hat und wenn er sich gar noch irgendwo beschmutzt haben sollte.

Auf einer Planke, die breiter als nötig ist, wird, wenn unter ihr ein Abgrund gähnt, die Einbildung den größten Philosophen der Welt überwältigen, — mag auch die Vernunft ihn von der Sicherheit überzeugen; sein Wahn wird obsiegen. Mancher wird die Vorstellung nicht ertragen können, ohne zu erbleichen und in Schweiß zu geraten.

Nicht alle Wirkungen will ich anführen. Wer weiß nicht, daß der Anblick von Katzen, Ratten, das Zerbrechen einer Kohle die Vernunft außer sich bringen können! Der Ton der Stimme beeindruckt die Klügsten, und er ändert eine Rede, ein Gedicht von Grund auf.

Zuneigung und Haß ändern das Aussehen des Rechtes. Wie viel gerechter findet ein Anwalt, den man reichlich im voraus bezahlt hat, die Sache, die er vertritt, wie viel gerechter

läßt er sie den Richtern erscheinen, die durch diesen Anschein getäuscht werden. Spaßhafte Vernunft, die ein Wind
biegt und nach jeder Richtung.

Fast jede Handlung der Menschen könnte ich beibringen,
die fast alle unter seinem Atem beben. Denn die Vernunft
hat abdanken müssen und die geläutertste bedient sich der
Grundsätze, die die Einbildung der Menschen leichtfertig
überall eingeführt hat.

(Wer nur der Vernunft folgen wollte, wird im Urteil des
großen Haufens als töricht befunden werden. Man muß, da
es ihm so gefällt, den ganzen Tag arbeiten und sich ab-
mühen um die Güter der Welt, die als Wahngebilde bekannt
sind, und hat der Schlaf uns von den Müdigkeiten unserer
Vernunft erfrischt, muß man sofort und eilig aufspringen,
dem Dunst nachzujagen, um den Vorstellungen dieses
Herrschers der Welt Genüge zu tun. — Das ist eines der
Mittel des Irrtums, aber es ist nicht das einzige. Mit Recht
hat der Mensch diese beiden Mächte verbündet, obgleich
in diesem Frieden der Wahn weitgehend im Vorteil ist;
denn führten sie Krieg miteinander, wäre er es völlig:
Niemals überwindet die Vernunft den Wahn, während das
Gegenteil häufig ist.)

Dies Geheimnis haben unsere Amtspersonen wohl begriffen, ihr Pelzwerk, in das sie sich wie ausgestopfte Katzen
hüllen, die Paläste, in denen sie urteilen, die Wappenlilien,
kurz dieser ganze erhabene Schein ist durchaus notwendig,
denn hätten die Ärzte nicht ihre langen vorn geknöpften
Röcke und die absatzlosen Pantoffeln und hätten die Rechts-
gelehrten nicht die viereckigen Hüte und zu weite vier-
teilige Gewänder, so würden sie niemals die Menschen, die
dieser eindrucksvollen Schau nicht widerstehen können,
dupiert haben. Besäßen sie die Wahrheit und die Gerechtigkeit, kennten die Ärzte die wahre Heilkunst, dann hätten
sie viereckige Hüte nicht nötig, die Würde dieser Wissen-

schaften würde an sich selbst verehrungswürdig genug sein.
Da sie aber nur wahngebildetes Wissen besitzen, sind sie
zu diesen eitlen Hilfsmitteln gezwungen, um die Einbildung
jener zu wecken, mit denen sie zu tun haben, und wirklich
schaffen sie sich dadurch die Achtung. Nur die Krieger
haben sich nicht derart verkleidet, weil ihr Anteil an der
Wirklichkeit wesenhafter ist, sie gründen auf der Kraft, die
andern auf der Fratze.

Deshalb haben unsere Könige diese Verkleidungen nicht
gesucht. Sie haben sich nicht durch ungewöhnliche Kleidung
maskiert, um so zu scheinen, wohl aber haben sie sich mit
Schutzstaffeln und Hellebarden umgeben. Diese bewaffneten
Truppen, die nur für sie Arme und Kraft haben, die Trom-
peter und Trommelschläger, die ihnen voraufmarschieren,
diese Scharen, die sie umgeben, machen den Mutigsten
zittern. Sie haben nicht nur das Kleid, sondern dazu noch
die Kraft. Eine völlig geklärte Vernunft ist nötig, um den
großen Herrscher inmitten seines Serails von vierzigtausend
Janitscharen wie einen beliebigen andern Menschen zu betrachten.

Wir können sogar nicht einmal einen Advokaten in Robe
und Hut sehen, ohne zu seinen Gunsten voreingenommen
zu sein.

Die Einbildung verfügt über alles; sie bestimmt die Schönheit, das Recht und das Glück, das das Höchste auf der
Erde ist. Ich hätte gern ein italienisches Buch gesehen, das
ich nur dem Titel nach kenne, der allein viele Bücher auf-
wiegt: „Dell' opinione regina del mondo." Ich unterschreibe
es, ohne es zu kennen, das Falsche ausgenommen, soweit es
darin ist.

Das etwa sind die Wirkungen dieses trügerischen Wesens
in uns, das uns, wie es scheint, ausdrücklich gegeben wurde,
um uns in einen notwendigen Irrtum zu leiten. Doch haben
wir davon noch mehr in uns. Nicht nur, was uns von früher

überkommen ist, ist geeignet, uns zu täuschen, der Reiz der
Neuheit hat die gleiche Macht. Daraus erwachsen alle
Meinungsverschiedenheiten unter den Menschen, die sich
gegenseitig vorwerfen, daß sie entweder falschen Vorstellungen, die ihnen aus der Jugend überkommen, anhingen
oder daß sie leichtfertig neuen nachliefen. Wer hält hier
die rechte Mitte? Der möge vortreten und den Beweis
erbringen. Es gibt keinen Grundsatz, wie natürlich er uns
immer, schon von Kindheit an, sein könne, den man nicht
für einen falschen Eindruck, sei er im Unterricht oder
sinnlich empfangen, aufgäbe.

Weil ihr, so sagt man etwa, seit der Kindheit geglaubt
habt, eine Lade sei leer, wenn ihr nichts in ihr seht, habt
ihr an die Möglichkeit der Leere geglaubt; das ist eine
Sinnestäuschung, die die Gewohnheit verstärkte, die die
Wissenschaft aufheben muß. Und die andern meinen: weil
man euch in der Schule lehrte, es gäbe keine Leere, hat
man eure gesunden Sinne verdorben, die sie vor dieser
falschen Erfahrung genau kannten, die man dadurch aufheben muß, daß man auf eine erste Einsicht zurückgeht.
Wer täuschte hier, die Sinne oder die Lehre?

Es gibt einen weiteren Grund des Irrtums, die Krankheiten: sie verderben die Urteilsfähigkeit und die Sinnes-
wahrnehmung; und da die schweren sie merklich trüben,
zweifle ich nicht, daß die leichteren im Verhältnis ähnlich
wirken.

Unser eigener Vorteil ist ferner ein prächtiges Mittel, um
uns die Augen angenehm zu blenden. Es ist dem gerech-
testen Mann der Welt nicht erlaubt, in eigner Sache zu
urteilen; ich weiß, daß manche, um nicht dieser Eigenliebe
zu verfallen, umgekehrt die ungerechtesten Richter der
Welt gewesen sind: das sicherste Mittel, um eine völlig
gerechte Sache zu verlieren, war, sie durch ihre nächsten
Verwandten empfehlen zu lassen.

Das Recht und die Wahrheit sind zwei feinste Spitzen,
unsere Werkzeuge sind zu grob, um sie genau zu treffen.
Wenn sie in ihre Nähe kommen, zerdrücken sie die Spitze
und fassen den Umkreis, und mehr von dem Falschen als
von der Wahrheit.

(So prächtig ist also der Mensch gemacht, daß er kein
richtiges Prinzip der Wahrheit und mehrere vorzügliche des
Irrtums hat. Sehen wir nun zu, wie viel ... Die spaßhafteste
Ursache dieser Irrtümer aber ist der Streit zwischen den
Sinnen und der Vernunft.) 82

43

Der Geist des obersten Richters der Welt ist nicht so unabhängig, daß er nicht durch den ersten besten Lärm in seiner
Nähe gestört werden könnte. Man braucht keine Kanonen
abzuschießen, um sein Denken zu hindern: Das Gekreische
einer Wetterfahne oder eines Flaschenzuges genügen. Wundert euch nicht, daß er jetzt falsch schließt, eine Fliege
summt um sein Ohr, das reicht hin, um ihn unfähig zu
machen, richtig zu urteilen. Wollt ihr, daß er die Wahrheit
finde, verjagt das Tier, das seine Vernunft in Schach hält,
das den überlegenen Verstand, der Länder und Städte regiert, stört. Da habt ihr den lächerlichen Gott! O ridicolis-
simo eroe! 366

44

Die Macht der Fliegen: sie gewinnen Schlachten, hindern
uns zu handeln, fressen unsern Körper. 367

45

Weshalb stört uns ein Hinkender nicht, wohl aber ein im
Geist Hinkender? Weil ein Hinkender einsieht, daß wir
nicht hinken, und ein im Geist Hinkender behauptet, wir

seien es, die hinkten; sonst würden wir Mitleid haben und
keinen Zorn.

Epiktet fragt noch deutlicher: warum ärgern wir uns nicht,
wenn man uns sagt, wir hätten Kopfschmerzen, und warum
ärgern wir uns, wenn man sagt, wir hätten falsch überlegt
oder falsche Wahl getroffen? — Der Grund ist, daß wir völlig sicher sind, keine Kopfschmerzen zu haben und daß wir
nicht hinken; aber so sicher sind wir nicht, daß wir die
Wahrheit wählten. Da wir nämlich keine andere Sicherheit
haben als die, daß wir sie klar vor unsern Augen haben, so
wirft uns das, wenn ein anderer ebenso klar das Gegenteil
vor Augen hat, in die Leere und erschreckt uns und besonders, wenn tausend andere über unsere Entscheidung spotten; denn wir müssen unsere Einsicht der so vieler anderer
vorziehen; und das erfordert Kühnheit und ist schwierig.
Für die Sinne, die einen Hinkenden bemerken, gibt es niemals diesen Widerspruch.   80

46

Meist ist es fast nichts, was uns übermäßig bannt — etwa,
wenn man verbergen will, wie wenig man besitzt. Es ist eine
Nichtigkeit, die unsere Einbildung zu einem Gebirge macht:
eine andere Wendung der Vorstellung läßt uns das mühelos
erkennen.   85

47

(Meine Phantasie bringt mich dazu, einen Quackler und
einen, der beim Essen schlürft, zu verabscheuen; die Phantasie wiegt schwer; was kann sie uns nützen, daß wir ihr
nachgeben, weil sie natürlich ist? Nein, sondern, daß wir ihr
widerstehen werden . . .)   86

48

Die Kinder, die vor der Fratze, die sie sich malten, erschrecken, sind Kinder; aber, was so harmlos in der Kind-

heit ist, wird gewaltig im Alter. Man wechselt nur die
Richtung der Phantasie. Alles, was sich durch Entwicklung
vervollkommnet, geht auch durch Entwicklung zugrunde,
etwas, das schwach war, kann niemals wirklich stark sein.
Man hat gut reden, er ist größer geworden, er hat sich ge-
ändert; er ist zugleich derselbe geblieben.   88

Von der Gewohnheit

49

Die Gewohnheit ist unsere Natur: wer sich daran gewöhnt
hat, zu glauben, glaubt, und er kann niemals mehr die
Hölle nicht fürchten und anderes glauben. Wer sich an den
Glauben gewöhnt, der König sei zu fürchten ... usf.
Wer zweifelt dann, daß, da unsere Seele daran gewöhnt ist,
Zahl, Raum, Bewegung zu sehen, sie das und nur das
glaubt?   89

50

Die Zeit heilt die Schmerzen und die Streitigkeiten, weil
man sich ändert: man ist nicht mehr der, der man war,
weder der Beleidiger noch die Beleidigten sind die gleichen.
Ebenso, wenn man einem Volk, mit dem man im Streit war,
nach zwei Generationen wieder begegnet; es sind noch
Franzosen, aber nicht die gleichen.   122

51

Die Väter fürchten, daß die natürliche Liebe der Kinder er-
löschen könne; was ist das für eine Natur, die der Gefahr
ausgesetzt ist, ausgelöscht zu werden? Die Gewohnheit ist
eine zweite Natur, die die erste aufhebt. Was aber ist Na-

tur? Weshalb soll die Gewohnheit nicht natürlich sein? Ich
fürchte, diese Natur selbst ist nur eine erste Gewohnheit,
wie die Gewohnheit eine zweite Natur ist.   93

52

Gedanken. Alles ist eins, alles ist verschieden.
Wie viele Naturen in der des Menschen! Wie viele Be-
schäftigungen und durch welchen Zufall! Jeder wählt im allgemeinen die, die er loben hörte. Absatz des Schuhs. 116

53

Absatz des Schuhs. Oh, der ist gut gearbeitet, das ist ein
geschickter Arbeiter! Wie tapfer ist dieser Soldat! — Dem
entstammen unsere Neigungen und die Wahl der Berufe.
Wie prächtig der trinkt! Wie mäßig jener ist! Das macht
Nüchterne und Trinker, Soldaten, Feiglinge usw.   117

54

Die Natur beginnt immer wieder das gleiche: Jahre, Tage,
Stunden; ebenso sind die Räume und die Zahlen Schritt für
Schritt jedes eine Folge des andern. So entsteht eine Art
Unendlichkeit und Ewigkeit. Es ist nicht so, daß es hier
etwas gibt, das unendlich und ewig wäre, aber diese endlichen Wesen vervielfältigen sich unendlich. Also ist, wie
mir scheint, nur die Zahl, die sie vervielfältigt, unendlich.
     121

Von der Eigenliebe

55

Jeder ist für sich selbst ein All; denkt ihn tot, das All ist
tot für ihn. Das ist der Grund, daß ein jeder glaubt, alles
für alle zu sein. Man soll die Natur nicht nach uns, sondern
nach ihr selbst beurteilen.   457

56

Eigenliebe. Nur sich selbst zu lieben und nichts als sich
selbst zu bedenken, ist die Art der Eigenliebe und dieses
menschlichen Ichs. Aber wie wird es dies vollbringen? Das
Ich kann nicht hindern, daß das, was es liebt, voll von
Mängeln und Elend ist: es wünscht sich groß und findet sich
gering; es wünscht sich glücklich und findet sich unglücklich;
es wünscht sich vollkommen und findet sich voller Unvollkommenheiten; es wünscht sich von Menschen geliebt und
geachtet und findet, daß seine Mängel nur ihre Abneigung
und Verachtung verdienen. Diese Verlegenheit, in der es
sich findet, zeugt in ihm die ungerechteste und verbreche-
rischste Leidenschaft, die man ersinnen kann, denn sie zeugt
einen tödlichen Haß gegen die Wahrheit, die es bemäkelt
und es von seinen Fehlern überzeugt. Es wird sie zu vernichten wünschen, und da es nicht fähig ist, sie selbst zu
zerstören, zerstört es sie, soweit es dies vermag, in seinem
Bewußtsein und in dem der andern; d. h. es richtet seine
ganze Mühe darauf, vor den andern und vor sich selbst
seine Fehler zu verbergen, es kann nicht dulden, daß man
sie ihm zeige, noch daß man sie bemerke.

Es ist fraglos ein Übel, voller Fehler zu sein, aber es ist
ein noch größeres Übel, es zu sein und sie nicht kennen zu
wollen, weil das heißt, daß man ihnen willentlich noch den
Betrug hinzufügt. Wir wollen von den andern nicht ge-

täuscht werden, wir finden es unrecht, daß sie von uns mehr geschätzt werden wollen, als sie verdienen: Also ist auch unrecht, daß wir sie täuschen und daß wir von ihnen mehr geschätzt werden wollen, als wir verdienen.

Wenn sie also an uns nur Laster und Unvollkommenheiten bemerken, die uns wirklich eignen, so ist offensichtlich, daß sie uns darin kein Unrecht tun, da wir und nicht sie die Schuld daran haben, und daß sie uns Gutes tun, wenn sie uns helfen, uns von einem Übel zu befreien, nämlich von dem, diese Mängel nicht zu kennen. Wir dürfen nicht betroffen sein, daß sie sie kennen und uns deshalb mißachten, da es richtig ist, daß sie uns kennen, wie wir sind, und daß sie uns verachten, wenn wir verächtlich sind.

So etwa müßte ein Herz, das voll von Rechtlichkeit und Gerechtigkeit wäre, empfinden. Was aber können wir von unserm sagen, wenn wir in ihm völlig gegensätzliche Neigungen finden? Ist es etwa nicht wahr, daß wir die Wahrheit und die, die sie uns sagen, hassen und nur die schätzen, die sich zu unserm Vorteil täuschen, und daß wir von ihnen anders eingeschätzt werden wollen, als wir wirklich sind?

Und nun ein Beweis, der mir Schauder macht. Die katholische Religion verlangt nicht, daß man seine Sünden ohne Unterschied allen Menschen beichte: sie duldet, daß man sie allen andern Menschen verbirgt; nur einen einzigen nimmt sie aus, dem sie den Grund des Herzens zu enthüllen fordert, dem man sich zeigen soll, wie man ist. Nur diesem einzigen Menschen auf der Welt verpflichtet sie uns zu beichten, und ihn verpflichtet sie zu unverbrüchlichem Schweigen, so daß sein Wissen in ihm ist, als wäre es keines. Kann man etwas ersinnen, was wohlwollender und milder wäre? Und trotzdem ist die Verderbnis der Menschen derart, daß sie auch dieses Gesetz noch hart finden. Und das ist einer der Hauptgründe, die zur Empörung gegen die Kirche in einem großen Teil Europas geführt haben. Wie ungerecht

und unvernünftig ist doch das Herz des Menschen, schlecht
zu finden, daß man es zwingt, vor einem Menschen zu tun,
was nur gerecht wäre, irgendwie vor allen Menschen zu tun.
Denn ist es vielleicht recht, daß wir sie täuschen?

Verschiedene Grade gibt es in dieser Abneigung gegen die
Wahrheit, man kann aber sagen, daß sie jedem in etwas
eignet, da sie unzertrennlich von der Eigenliebe ist. Dieses
falsche Zartgefühl zwingt die, die andere zu tadeln haben,
zu mancherlei Umweg und mancherlei Mäßigung, um zu
vermeiden, daß sie sie kränken. Sie müssen unsere Mängel
verkleinern, sie zu entschuldigen suchen, Lobsprüche und
Beteuerungen ihrer Anhänglichkeit und Achtung hinzufügen. Trotz alledem schmeckt diese Medizin unserer
Eigenliebe bitter. Sie nimmt so wenig wie möglich davon
und stets mit Widerwillen und oftmals mit einer geheimen
Verachtung gegen die, die sie uns reichen.

Deshalb hütet man sich, uns, wenn man irgendein Interesse
an unserer Zuneigung hat, einen Dienst zu erweisen, der,
wie man weiß, uns unangenehm ist; man behandelt uns so,
wie wir behandelt werden wollen. Wir verabscheuen die
Wahrheit, man verbirgt sie uns; wir wollen, daß man uns
schmeichele, man schmeichelt uns; wir lieben es, getäuscht
zu werden, man täuscht uns.

So geschieht es, daß jede Stufe, die das Glück uns erhöht,
uns immer mehr von der Wahrheit entfernt; denn wachsend
hütet man sich, die, deren Neigung nützlich und deren Abneigung gefährlich ist, zu verletzen. Ein Fürst kann im
Gerede von ganz Europa sein und er der einzige sein, der
nichts davon weiß. Das wundert mich nicht: Die Wahrheit
ist dem von Nutzen, dem man sie sagt, aber schädlich für
die, die sie sagen, weil sie sich verhaßt machen. Nun, wer im
Gefolge der Fürsten lebt, schätzt seinen Vorteil höher als
den des Fürsten, dem er dient, und also hütet er sich, ihm
zu nützen und dadurch sich selbst zu schaden.

Bei den Wohlhabenden ist dieses Unglück fraglos häufiger und alltäglicher, aber die Geringsten bleiben von ihm nicht verschont, weil es immer irgendeinen Vorteil gibt, um sich bei Menschen beliebt zu machen. So ist das menschliche Leben ein fortwährender Trug, gegenseitig täuscht man sich, gegenseitig schmeichelt man sich. Niemand redet so, wenn wir zugegen sind, wie er in unserer Abwesenheit redet. Auf dieser gegenseitigen Täuschung ist die Einigkeit der Menschen begründet, und wenige Freundschaften würden beständig sein, wenn jedweder wüßte, was sein Freund sagt, wenn er nicht anwesend ist, obgleich er dann aufrichtig und leidenschaftslos spricht.

Also ist der Mensch nichts als Verstellung, Lüge und Scheinheiligkeit, und zwar sowohl vor sich selbst, als gegenüber den andern. Er will nicht, daß man ihm die Wahrheit sagt, und er vermeidet, sie den andern zu sagen. Und all diese Anlagen haben, so fern sie von der Gerechtigkeit und der Vernunft sind, ihren natürlichen Grund in seinem Herzen.

100

57

Alle Menschen hassen sich von Natur untereinander. Man hat sich, soweit man es konnte, der Konkupiszenz bedient, um sie dem öffentlichen Wohl dienstbar zu machen. Das aber ist nur Trug und ein falsches Bild der Gottesliebe; denn am Grunde ist nur der Haß.   451

58

Was für eine Begriffsverwirrung, wonach es niemanden gibt, der sich nicht über alles übrige in der Welt stellt und der nicht sein eignes Wohl und die Dauer seines Glückes mehr als alles übrige der Welt liebt.   456

59

Stolz, Gegengewicht alles Elends. Entweder verbirgt der
Mensch sein Elend, oder, wenn er es aufweist, rühmt er sich,
es zu kennen.   405

60

Der Stolz wiegt alles Elend auf und gleicht es aus. Da habt
ihr ein befremdendes Unwesen und eine sehr deutliche Verwirrung, da habt ihr ihn von seinem Ort gestürzt, ihn sucht
er voll Unruhe. Das ist es, was alle Menschen tun. Sehen
wir zu, wer ihn gefunden haben wird.   406

61

Wir geben uns nicht mit dem Leben, das wir für uns und als
unser eignes Dasein leben, zufrieden: wir wollen in der
Vorstellung der andern ein Scheinleben führen, und deshalb
bemühen wir uns zu scheinen. Unaufhörlich arbeiten wir
daran, unser wahngebildetes Sein zu verschönern und zu erhalten, und wir vernachlässigen das wirkliche. Und wenn
wir ruhigen Gemütes oder großzügig und treu sind, bemühen
wir uns, es wissen zu lassen, damit man diese Tugenden
unserm Schattendasein anhefte, und eher werden wir uns
von ihnen selbst trennen, um sie dem andern zu verleihen.
Leichten Herzens wären wir Feiglinge, nur um dadurch den
Ruf, ein Held zu sein, zu erwerben. Gewaltiges Zeichen der
Nichtigkeit unseres eignen Seins, daß wir nicht zufrieden
sind mit dem einen ohne das andere und oft das eine für das
andere eintauschen. Denn wer nicht sterben würde, um seine
Ehre zu bewahren, der würde ehrlos sein.   147

62

Vom Wunsch, von denen geachtet zu werden, mit denen
man zusammen ist. So selbstverständlich besitzt uns der

Stolz inmitten unseres Elends, unserer Irrtümer usw.; freudig geben wir sogar das Leben hin, wenn man nur davon spricht.

Eitelkeit: Spiel, Jagd, Besuche, Schauspiel, falsche Dauer des Namens. 153

63

So dünkelhaft sind wir, daß wir wünschen, die ganze Welt möge uns kennen, und selbst die, die leben werden, wenn wir nicht mehr sind; und so eitel sind wir, daß uns die Achtung von fünf oder sechs Menschen, die uns nahestehen, freut und zufriedenstellt. 148

64

Derart ist die Eitelkeit im Herzen des Menschen verankert, daß ein Soldat, ein Troßknecht, ein Koch, ein Tagedieb sich rühmen und Bewunderer haben wollen; und selbst die Philosophen wollen sie. Und die, die dagegen schreiben, wollen den Ruhm, gut geschrieben zu haben; und die, die sie lesen, wollen den Ruhm, sie gelesen zu haben; und ich, der ich das schreibe, habe vielleicht diesen Wunsch und vielleicht die, die es lesen werden ... 150

65

Berufe. So süß ist der Ruhm, daß, woran immer man ihn heftet und sei es selbst der Tod, man ihn liebt. 158

66

Das Ich ist zu hassen. Sie, Miton, verbergen es nur; dadurch aber löschen Sie es nicht aus; Sie bleiben folglich immer hassenswert.

... Keineswegs, denn wenn man handelt, wie wir handeln, wenn man gegen jedermann zuvorkommend ist, hat nie-

mand mehr Anlaß, uns zu hassen. — Das würde zutreffen,
wenn man im Ich des andern nur das Mißvergnügen haßte,
das es uns bereitet. Hasse ich es aber, weil es unrecht ist,
daß es sich zum Mittelpunkt von allem machen will, so
werde ich es immer hassen.

Kurz, das Ich hat zwei Seiten: es ist unrecht an sich, soweit
es sich zum Mittelpunkt von allem macht, und es ist andern
unbequem, soweit es sie beherrschen will: denn jedes „Ich"
ist der Feind aller andern und möchte sie alle beherrschen.
Sie heben nur die Unbequemlichkeit und nicht das Unrecht
auf. Und deshalb machen Sie es nicht liebenswert für die,
die in ihm das Unrecht hassen; nur den Ungerechten machen
Sie es liebenswert, die in ihm nicht mehr ihren Feind sehen.
Und so bleiben Sie im Unrecht und können nur Ungerechten
gefallen.   455

67

Man begründete und gewann aus der Konkupiszenz bewunderungswürdige Ordnungen der Politik, der Sittlichkeit und
des Rechtes, aber zutiefst ist dieser nichtswürdige Grund des
Menschen, dieses figmentum malum[1] nur verdeckt; er ist
nicht ausgelöscht.   453

Von den Gegensätzen im Menschen

68

Widerspruch: Unser Sein verachten, für ein Nichts sterben,
unser Sein hassen.   157

69

Beschreibung des Menschen: Abhängigkeit, Wunsch nach
Unabhängigkeit, Bedürfnisse.   126

---
[1] Böses Gebilde.

70

Niemals halten wir uns an die Gegenwart. Wir nehmen die
Zukunft vorweg, als käme sie zu langsam, als wollten wir
ihren Gang beschleunigen; oder wir erinnern uns der Vergangenheit, um sie aufzuhalten, da sie zu rasch entschwindet: Torheit, in den Zeiten umherzuirren, die nicht unsere
sind, und die einzige zu vergessen, die uns gehört, und
Eitelkeit, denen nachzusinnen, die nichts sind, und die einzige zu verlieren, die besteht, nämlich weil es die Gegenwart ist, die uns gewöhnlich verletzt. Wir verbergen sie vor
uns, weil sie uns bekümmert; und wenn sie uns freundlich
ist, bedauern wir, sie entschwinden zu sehen. Wir versuchen,
sie für die Zukunft zu erhalten, und sind gesonnen, über
Dinge, die nicht in unserer Macht sind, an einem Zeitpunkt
zu verfügen, von dem wir keine Gewähr haben, daß wir ihn
erleben.
Wer seine Gedanken prüft, wird sie alle mit der Vergangenheit und der Zukunft beschäftigt finden. Kaum denken wir je an die Gegenwart, und denken wir an sie, so nur,
um hier das Licht anzuzünden, über das wir in der Zukunft
verfügen wollen. Niemals ist die Gegenwart Ziel, Vergangenheit und Gegenwart sind Mittel, die Zukunft allein
ist unser Ziel. So leben wir nie, sondern hoffen zu leben,
und so ist es unvermeidlich, daß wir in der Bereitschaft,
glücklich zu sein, es niemals sind.   172

71

Unbeständigkeit. Die Dinge haben verschiedene Eigenschaften und die Seele hat verschiedene Neigungen, denn nichts
ist einfach, was sich der Seele darbietet, und niemals ist die
Seele allein für eine Seite offen. Deshalb weint man und
lacht man über ein und dasselbe.   112

72

Selbst wenn die Menschen an dem, was sie sagen, nicht
interessiert sind, darf man nicht mit Gewißheit annehmen,
daß sie nicht lögen; denn es gibt Menschen, die lügen ein-
fach, um zu lügen.   108

73

Eine Kleinigkeit tröstet uns, weil eine Kleinigkeit uns be-
trübt.   136

74

Wie ist es möglich, daß jemand, der verzweifelt über den
Tod seiner Frau und seines einzigen Sohnes ist, (oder) der
in einen gefährlichen Streitfall verwickelt ist, der ihn äng-
stigt, jetzt nicht traurig ist und daß er frei von ihn peinigen-
den und beunruhigenden Gedanken zu sein scheint? Man
wundere sich nicht darüber! — Man wirft ihm grade einen
Ball zu, den er dem Partner zurückschlagen muß, er ist damit beschäftigt, ihn richtig auf den Schläger zu nehmen, um
einen Punkt zu gewinnen. Wie könnt ihr meinen, daß er an
seine Geschäfte denkt, da er anderes zu tun hat? Das ist
eine Aufgabe, würdig, diese große Seele zu beschäftigen und
jeden andern Gedanken auszulöschen. Jemand, der geschaffen ist, um die Welt zu kennen, alle Dinge zu beurteilen,
einen Staat zu regieren, hier seht ihr ihn beschäftigt und
gänzlich erfüllt von dem Wunsch, einen Hasen zu jagen.
Und wenn er sich nicht dazu hergibt und immer Haltung bewahren will, wird er noch törichter sein, weil er sich über
das Menschsein erheben möchte und am Ende doch nur ein
Mensch ist, d. h. fähig zu wenig und zu viel, zu allem und
zu nichts: er ist weder Engel, noch Tier, sondern Mensch.
                                                                                            140

75

Die Menschen beschäftigen sich damit, hinter einem Ball
oder einem Hasen herzujagen; das ist sogar das Vergnügen
der Könige. 141

76

Eitelkeit. Es ist erstaunlich, daß etwas, das so offenbar ist
wie die Eitelkeit der Welt, so wenig bekannt ist, daß es be-
fremdet und überrascht, wenn man sagt, es sei Torheit, ihre
Auszeichnungen zu suchen. 161

77

Wer die Eitelkeit des Menschen vollkommen kennen will,
braucht nur die Ursachen und die Wirkungen der Liebe zu
betrachten. Ihre Ursache ist ein „Ich weiß nicht was" (Cor-
neille), und ihre Wirkungen sind erschreckend. Dies Ich-
weiß-nicht-was, das so wenig ist, daß man es kaum fassen
kann, setzt die Erde, die Fürsten, die Heere, die ganze Welt
in Bewegung.
Die Nase der Kleopatra: wäre sie kürzer gewesen, das Gesicht der ganzen Erde würde verändert sein. 162

78

Die Menschen sind so notwendig Toren, daß es auf eine andere Art töricht wäre, kein Tor zu sein. 414

79

Was mich am meisten erstaunt, ist, daß niemand über die
Schwäche seiner Fähigkeiten erstaunt ist. Ernsthaft ist man
tätig, und jeder betreibt seinen Beruf, nicht, weil es, da es
so Mode ist, richtig wäre, ihn zu betreiben, sondern so, als

ob ein jeder genau wüßte, wo Vernunft und Recht seien. Man täuscht sich fortwährend, und in einer spaßigen Bescheidenheit hält man das für seinen eigenen Fehler und nicht für einen der Urteilsfähigkeit, die man sich immer zu besitzen schmeichelt. Aber es ist gut, gut für den Ruhm des Skeptizismus, daß es so viele von diesen Menschen gibt, die nicht skeptisch sind und die zeigen, daß der Mensch zu den verstiegensten Meinungen fähig ist, fähig der Meinung, er wäre nicht von Natur und unvermeidlich unfähig, und der Meinung, er wäre im Gegenteil von Natur aus vernünftig.

Nichts stärkt den Skeptizismus mehr als die Tatsache, daß es Menschen gibt, die keine Skeptiker sind: wären sie es alle, so würden sie Unrecht haben.   374

80

Die Abhandlungen über die Demut sind den großsprecherischen Menschen Anlaß zum Stolz und Anlaß zur Demut den Demütigen. So sind für die Anhänger die Abhandlungen der Skepsis Grund der unskeptischen Bejahung; wenige sprechen demütig von der Demut, wenige keusch von der Keuschheit, wenige zweifelnd von der Skepsis.

Wir sind nichts als Lüge, Doppelzüngigkeit, Widerspruch, und wir verbergen und verkleiden uns vor uns selbst. 377

81

(*Descartes*. Man muß allgemein sagen: das kann man durch Figur und Bewegung darstellen —, denn das ist wahr. Das aber zu sagen und die Maschine zu bauen, das ist lächerlich. Denn es ist überflüssig, unschlüssig und peinlich. Und wäre das wahr, so würden wir meinen, die ganze Philosophie sei keine Stunde Mühe wert.)   79

82

Schwäche. Alle Tätigkeit der Menschen müht sich um Besitz,
aber sie wissen nicht, woher sie den Rechtstitel nehmen sollen, um zu beweisen, sie besäßen ihn zu Recht, denn sie
haben dazu nur den Wahn der Menschen, doch nicht die
Macht, ihn sicher zu besitzen.
Ebenso ist es mit den Kenntnissen, denn die Krankheit
löscht sie aus. Wir sind sowohl unfähig zur Wahrheit als
zum Besitz.   436

Von der Zerstreuung

83

Seinslage des Menschen: Unbeständigkeit, Langeweile, Unruhe.   127

84

Langeweile. Nichts ist dem Menschen unerträglicher als völlige Untätigkeit, als ohne Leidenschaften, ohne Geschäfte,
ohne Zerstreuungen, ohne Aufgabe zu sein. Dann spürt er
seine Nichtigkeit, seine Verlassenheit, sein Ungenügen,
seine Abhängigkeit, seine Unmacht, seine Leere. Allsogleich
wird dem Grunde seiner Seele die Langeweile entsteigen
und die Düsternis, die Trauer, der Kummer, der Verdruß,
die Verzweiflung.   131

85

Nur der Kampf macht uns Vergnügen, nicht aber der Sieg:
gern sieht man dem Kampf der Tiere zu, aber nicht dem
Wüten des Siegers über den Besiegten. Was wollte man
denn sonst sehen, wenn nicht dies Ende des Sieges? Und
kaum ist er entschieden, hat man es satt. Ebenso ist es beim

Spiel. Ebenso beim Erforschen der Wahrheit. Man liebt den
Kampf der Meinungen im Wortstreit, nicht aber die gefun-
dene Wahrheit zu bedenken; will man, daß man sie mit
Anteilnahme beachtet, muß man sie im Wortstreit entstehn
lassen. Gleiches gilt für die Leidenschaften; man hat Vergnügen daran, dem Kampf gegensätzlicher Leidenschaften
zuzusehen, hat aber die eine die Herrschaft gewonnen, so ist
sie nur noch Begierde.

Wir suchen niemals die Dinge, sondern das Suchen nach
ihnen. So taugen im Theater weder die ruhigen Szenen ohne
Spannung etwas, noch das außerordentliche und hoffnungs-
lose Elend, noch die tierische Liebe, noch die erbarmungslose
Härte.   135

86

Zerstreuungen. Wenn ich es mitunter unternommen habe,
die mannigfaltige Unruhe der Menschen zu betrachten, sowohl die Gefahren wie die Mühsale, denen sie sich, sei es
bei Hofe oder im Krieg, aussetzen, woraus so vielerlei Streit,
Leidenschaften, kühne und oft böse Handlungen usw. ent-
springen, so habe ich oft gesagt, daß alles Unglück der
Menschen einem entstammt, nämlich daß sie unfähig sind,
in Ruhe allein in ihrem Zimmer bleiben zu können. Kein
Mensch, der genug zum Leben hat, würde sich, wenn er es
nur verstünde, zufrieden zu Haus zu bleiben, aufmachen, um
die Meere zu befahren oder eine Festung zu belagern. Die
Charge im Heer würde man nicht so teuer bezahlen, wenn
man es nicht unerträglich fände, nicht aus der Stadt heraus-
zukommen, und die Unterhaltungen und Zerstreuungen des
Spiels sucht man nur, weil man nicht mit Vergnügen zu
Haus bleiben kann.

Als ich dies des Näheren bedacht und den Grund all unserer
Leiden erkannt hatte, wollte ich die Gründe hierfür finden.
Ich fand, daß es einen überaus wirkungsvollen gibt; er liegt

in dem natürlichen Unglück unserer schwachen, sterblichen und so elenden Seinslage, daß uns nichts zu trösten vermag, sobald wir nur genauer darüber nachdenken.

Welche Lage man sich auch immer denken wollte und sich alle Güter, die uns gehören könnten, vereinigt dächte, die königliche Würde ist die schönste Stellung der Welt, und indessen, wenn man sie sich vorstellt und mit allem versehen, was der König verlangt: wenn ihm Zerstreuungen fehlen und man zuläßt, daß er darüber nachdenkt und Betrachtungen darüber anstellt, was er ist, dies langweilige Glück könnte ihn nicht aufrechterhalten, mit Notwendigkeit würde er der Schau dessen verfallen, was ihn bedroht, der Revolten, die sich ereignen könnten, und endlich des Todes und der Krankheiten, die unvermeidbar sind. So daß er, wenn ihm fehlt, was man Zerstreuung nennt, unglücklich ist und unglücklicher als der geringste seiner Untertanen, der spielt und sich vergnügt.

Deshalb sind das Spiel und die Unterhaltung mit Frauen, sind der Krieg und die hohen Ämter so begehrt. Sie sind es nicht deshalb, weil hier wirklich das Glück liegt, noch weil man sich einbildet, daß die wahre Glückseligkeit von dem Geld abhängt, das man im Spiel gewinnen kann, oder von dem Hasen, den man jagt; man würde sie nicht haben wollen, würden sie als Geschenke angeboten. Dieser bequeme und friedliche Nutzen ist nicht, was man sucht und was uns weiter an unser Elend denken läßt, noch sind es die Gefahren des Krieges oder die Mühen der Ämter, sondern den Reiz sucht man, der uns hindert, daran zu denken und der uns ablenkt.

Gründe, weshalb man die Jagd der Beute vorzieht. Das ist der Grund, daß die Menschen so sehr den Lärm und den Umtrieb schätzen, der Grund, daß das Gefängnis eine so furchtbare Strafe ist, der Grund, daß das Vergnügen der Einsamkeit unvorstellbar ist . . . Und so besteht am Ende das größte Glück der Könige darin, daß man bemüht ist, sie unaufhörlich zu zerstreuen und ihnen jede Art Vergnügungen zu verschaffen.

Der König ist von Leuten umgeben, die nur daran denken, ihn zu zerstreuen und ihn zu hindern, über sich selbst nachzudenken; denn er ist unglücklich, so sehr er König ist, wenn er daran denkt.

Das ist alles, was die Menschen erfinden konnten, um glücklich zu sein; und die, die darob die Philosophen spielen und meinen, die Menschen seien wenig vernünftig, den ganzen Tag damit zu verbringen, hinter einem Hasen herzusein, den sie nicht gekauft haben möchten, die kennen kaum das menschliche Herz. Dieser Hase könnte uns nicht davor schützen, den Tod und das Elend zu schauen; die Jagd aber, die uns davon ablenkt, schützt uns davor. Und so ...

Der Rat, den man Pyrrhus gab, in Ruhe und Frieden zu leben, was er durch so viele Mühsale zu erreichen strebte, bot manche Schwierigkeiten.

(Einem Menschen raten, er solle in Ruhe und Frieden leben, heißt, ihm den Rat erteilen, er solle eine völlig glückliche Seinslage haben, über die er nach Gefallen nachdenken könne, ohne in ihr den Schatten eines Mißbehagens zu finden. Das heißt die Natur des Menschen verkennen.

Deshalb vermeiden die Menschen, die natürlich ein Gefühl ihrer Seinslage haben, nichts so sehr als die Ruhe, und es gibt nichts, was sie nicht den Betrieb suchen ließe. Doch ist es nicht so, daß sie nicht einen Spürsinn hätten, der sie die wahre Glückseligkeit kennen ließe ... Eitelkeit, das Vergnügen, es den andern zu zeigen.

Also fängt man die Sache falsch an, wenn man sie tadelt; ihr Irrtum liegt nicht darin, daß sie den Umtrieb suchen, solange sie ihn nur als Zerstreuung suchen, sondern der Fehler ist, daß sie ihn suchen, als könnte sie der Besitz der Dinge, die sie suchen, wirklich glücklich machen; und darin hat man recht, wenn man ihr Suchen eitel nennt; so daß alles in allem

sowohl die, die tadeln, als die, die getadelt werden, die
wahre Natur des Menschen verkennen.)

Würden sie also auf den Vorwurf, sie suchten mit so viel
Eifer, was sie nie befriedigen könne, antworten, wie sie es
tun müßten, wenn sie wirklich darüber nachdächten, daß sie
nichts als eine fesselnde und mitreißende Beschäftigung suchen, die sie hindere, über sich selbst nachzudenken, und
daß sie sich deshalb eine gewählt, die sie anziehe, die ihnen
gefalle und die sie leidenschaftlich binde, dann wüßten ihre
Gegner darauf keine Antwort. Das aber antworten sie
nicht, weil sie sich nicht selbst kennen; sie wissen nicht, daß
es nur die Jagd und nicht die Beute ist, was sie suchen.

Tanzen: Dabei muß man daran denken, wohin man die
Füße setzt. — Der Adlige meint ehrlich, die Jagd sei ein
großes und königliches Vergnügen; sein Pikör aber hält sie
nicht dafür.

Sie bilden sich ein, nur diesen Rang müßten sie erreicht
haben, um sich sofort mit Lust zur Ruhe setzen zu können,
und sie ahnen nicht die Unersättlichkeit ihrer Begierde. Sie
glauben ehrlich die Ruhe zu suchen, und sie suchen in Wirklichkeit nur die Unruhe. Sie haben einen geheimen Trieb,
der sie treibt, außer Haus Zerstreuungen und Beschäftigun-
gen zu suchen, was der Mahnung ihres währenden Elends
entstammt; und sie haben einen andern geheimen Trieb, der
von der Größe unserer ersten Natur verblieb, der sie ahnen
läßt, daß das Glück in Wirklichkeit in der Ruhe und nicht
im Lärm des Umtriebs liegt; und aus diesen beiden gegensätzlichen Trieben bilden sie einen verworrenen Plan, der
sich im Unbewußten ihrer Seele verbirgt und der sie dazu
bringt, die Ruhe durch die Unruhe zu suchen und sich dabei
immer einzubilden, daß sie das Glück, das sie nicht haben,
haben würden, sobald sie etliche Schwierigkeiten, die sie
grade vor sich sehen, überwunden hätten, und daß sie dann
die Tür zu geruhsamem Leben öffnen könnten.

So verrinnt das ganze Leben: man sucht die Ruhe, indem
man einige Schwierigkeiten, die uns hindern, überwinden
will; und hat man sie überwunden, dann wird die Ruhe unerträglich. Denn entweder denkt man an die Sorgen, die
man hat, oder an die, die uns drohen. Und hätte man sich
wirklich in jeder Hinsicht gesichert, so wird die Langeweile
auf Grund ihres eigenen Rechtes sich nicht hindern lassen,
aus dem Grunde des Herzens, wo sie natürlich wohnt, auf-
zusteigen und den Geist mit ihrem Gift zu erfüllen.

Derart unglücklich ist also der Mensch, daß er sich bekümmert, ohne irgendeinen Grund dazu zu haben, und allein durch die Anlage seines Gemüts; und so billig ist er,
daß, obgleich es tausend echte Gründe des Kummers gibt,
das geringste, ein Billard oder ein Ball, den er schlägt, genügen, um ihn zu zerstreuen.

Was aber, werden Sie fragen, findet er darin? Das: daß er
sich morgen vor seinen Freunden brüsten kann, besser ge-
spielt zu haben als ein anderer. Und andere wieder schwit-
zen in ihren Kammern, um den Gelehrten zu beweisen, daß
sie ein Problem der Algebra gelöst, das man bisher nicht
lösen konnte; und viele andere begeben sich in höchste
Gefahr, um sich nachher des Ortes zu rühmen, den sie er-
oberten, was nach meinem Geschmack ebenso töricht ist. Und
schließlich andere bringen sich schier um, alles das anzumerken, nicht etwa um daraus zu lernen, sondern um zu
zeigen, daß sie es wissen; diese sind die törichtsten der Sipp-
schaft, denn sie sind es wissentlich, während man von den
übrigen glauben könnte, sie würden sich ändern, wenn sie
es wüßten.

Jemand verbringt sein Leben, ohne sich zu langweilen, weil
er täglich ein wenig spielt. Gebt ihm jeden Morgen das
Geld, das er am Tag gewinnen könnte, unter der Bedingung,
nicht mehr zu spielen: so macht ihr ihn unglücklich. Vielleicht wird man meinen, er suche das Vergnügen des Spiels

und nicht den Gewinn. Laßt ihn ohne Einsatz spielen, so
wird er nicht warm dabei werden und sich langweilen. Also
ist es nicht allein das Vergnügen, das er sucht: ein mattes
Vergnügen ohne Leidenschaft langweilt ihn. Er muß sich
aufregen und sich selbst betrügen, er muß glauben, es wäre
ein Glück, etwas zu gewinnen, das er nicht haben wollte,
gäbe man es ihm unter der Bedingung, nicht mehr zu spielen; er muß daraus eine Leidenschaft machen und aus ihr,
die er sich machte, Wunsch, Zorn und Furcht gewinnen,
Kindern gleich, die vor der Fratze erschrecken, die sie sich
anmalten.

Was ist der Grund, daß jemand, der vor kurzem seinen einzigen Sohn verlor und der, von Geschäften und Prozessen
überlastet, noch am Morgen so bekümmert war, jetzt nicht
mehr daran denkt? Wundert euch nicht: er ist völlig in
Anspruch genommen aufzupassen, wo der Keiler, den die
Hunde seit sechs Stunden wütend verfolgen, ausbrechen
wird. Mehr ist nicht nötig! Wie von Kummer gebeugt ein
Mensch auch immer sein mag, kann man ihn dazu bringen,
sich zu zerstreuen, so wird er diese Zeit über glücklich sein.
Und wie glücklich ein Mensch auch immer wäre, er wird
bald voll Sorgen und Kummer sein, wenn er nicht durch
irgendein Vergnügen, irgendeine Leidenschaft abgelenkt und
zerstreut ist, die die Langeweile hindern, sich auszubreiten.
Ohne Zerstreuungen gibt es keine Freude, und wenn man
sie hat, keinen Kummer. Und so liegt auch das Glück der
Hochgestellten darin, daß sie von vielen Menschen umgeben
sind, die für ihre Zerstreuung sorgen, und daß sie imstande
sind, sich diesen Vorzug zu erhalten.

Bedenket: Was ist der Vorzug, Finanzminister, Kanzler oder
Parlamentspräsident zu sein, wenn nicht der, daß man einen
Beruf hat, in dem man vom frühen Morgen an eine Menge
Menschen empfängt, die kommen und gehen und die keine
Stunde des Tages übriglassen, wo man über sich selbst

nachdenken könnte? Und wenn sie in Ungnade gefallen sind, und man sie auf ihre Landsitze verbannt, wo es ihnen weder an Gütern noch an Bedienten fehlt, die für ihre Bedürfnisse sorgen, so hören sie doch nicht auf, sich elend und verlassen vorzukommen, da es niemanden gibt, der sie hindert, über sich selbst nachzudenken.

(Die Zerstreuung ist für die Leute von Welt so notwendig, daß sie ohne sie unglücklich sind. Trifft sie ein Unfall, so denken sie an die, die ihnen noch widerfahren könnten, oder auch, wenn sie nicht daran denken würden und keinen Grund zur Besorgnis hätten, so wird die Langeweile kraft ihres eignen Rechts sich nicht hindern lassen, dem Grunde des Herzens, wo sie natürlich wohnt, zu entsteigen, um den Geist mit ihrem Gift zu erfüllen.)   139

87

Wer die Eitelkeit der Welt nicht sieht, ist selbst eitel. — Auch der, der sie erkennt, aber die jungen Leute ausnimmt, die völlig vom Geschehen, von Zerstreuungen und dem Denken an die Zukunft erfüllt sind? — Nehmt ihnen doch die Zerstreuungen, dann werdet ihr sehen, daß sie vor Langeweile verdorren, sie spüren dann ihre Nichtigkeit, ohne sie zu kennen: denn was ist Unglücklichsein sonst, als unerträglich traurig sein, sobald man gezwungen wird, über sich selbst nachzudenken, und sich nicht zerstreuen kann.   164

88

Gedanken. In omnibus requiem quaesivi[1]. Wäre unsere Lage wirklich glücklich, brauchten wir, um glücklich zu sein, uns nicht zu zerstreuen, um nicht an sie zu denken.   165

---

[1] Bei diesen allen habe ich Wohnung gesucht, Jesus Sirach XXIV, 11.

89

Zerstreuung. Da die Menschen unfähig waren, Tod, Elend,
Unwissenheit zu überwinden, sind sie, um glücklich zu sein,
übereingekommen, nicht daran zu denken. 168

90

Ganz natürlich ist der Mensch Dachdecker oder was ihn beschäftigt, nur nicht im Zimmer, allein. 138

91

Trotz dieses Elends will der Mensch glücklich sein und nichts
als glücklich sein, und er ist nicht fähig, zu wollen, daß er es
nicht sei; wie aber könnte er es sein? Er müßte, um es
wirklich zu sein, sich unsterblich machen; da er dies aber
nicht vermag, verfiel er darauf, nicht daran zu denken.
169

92

Die Sorgen des menschlichen Lebens haben all das bewirkt;
als man das erkannte, wählte man die Zerstreuung. 167

93

Cromwell war im Zuge, die Christenheit völlig zugrunde zu
richten; die Familie des Königs war verloren, die seinige
mächtig für immer, wäre nicht ein kleiner Splitter gewesen,
der sich in seiner Harnröhre festsetzte. Selbst Rom zitterte
schon vor ihm; da aber dieser winzige Splitter sich dort fest-
gesetzt, starb er, wurde seine Familie erniedrigt und der
König kampflos wieder eingesetzt. 176

94

Hohe und Niedrige haben die gleichen Unfälle, die gleichen
Ärgernisse, die gleichen Leidenschaften; aber der eine ist
näher am Radkranz, der andere näher der Nabe des Rades
und deshalb von der gleichen Bewegung weniger berührt.

180

95

Sorglos eilen wir in den Abgrund, nachdem wir etwas vor
uns aufgebaut, was uns hindert, ihn zu sehen.   183

96

Im letzten Akt, wie schön auch immer das Schauspiel war,
fließt Blut: am Ende wirft man die Erde auf den Schädel
und damit für immer.   210

Der Mensch in der Gesellschaft

97

Skeptizismus. Hier auf Erden ist jegliches Ding zum Teil
wahr, zum Teil falsch. Die wesenhafte Wahrheit ist nicht
so, sie ist völlig rein und völlig wahr; diese Mischung ent-
ehrt die Wahrheit und hebt sie auf. Nichts ist reine Wahrheit, und deshalb ist nichts wahr, was wir für reine Wahrheit halten. Man wird meinen, es sei Wahrheit, daß der
Mord schlecht ist; gewiß, wir kennen sehr wohl das Übel
und die Fehler. Was aber wird man sagen, was wahrhaft
gut sei? Die Keuschheit? Ich sage nein, denn die Menschheit
würde aussterben. — Die Ehe? Nein, die Enthaltsamkeit ist

besser. — Nicht zu töten? Nein, denn die Unordnung würde
schrecklich werden, und die Bösen würden die Guten töten.
—· Zu töten? Nein, denn das zerstört die Natur. — Wir
besitzen sowohl die Wahrheit wie das Gute nur zum Teil
und mit Bösem und Falschem gemischt.   385

98

Mein, dein. Dieser Hund gehört mir, sagten diese armen
Kinder; das ist mein Platz an der Sonne. — Damit habt ihr
Beginn und Urbild der widerrechtlichen Besitzergreifung der
ganzen Erde.   295

99

Alle guten Grundsätze kennen die Menschen, nur wendet
man sie nicht an. Zum Beispiel, man zweifelt nicht, daß
man sein Leben einsetzen muß, um das Gemeinwohl zu
verteidigen, und viele tun das; aber für die Religion nicht.
Es ist notwendig, daß es Ungleichheit unter den Menschen
gibt, das ist richtig; hat man das aber eingestanden, dann
ist nicht nur der höchsten Herrschaft, sondern auch der
schlimmsten Tyrannis Tür und Tor geöffnet.
Es ist notwendig, daß man dem Geist ein wenig die Zügel
lockere; das aber öffnet der größten Verwilderung Tür und
Tor. Man müßte die Grenzen bezeichnen. Es gibt keine
Grenzen in den Dingen: die Gesetze wollen sie festlegen,·
doch der Geist kann sie nicht dulden.   380

100

Worauf wird der Mensch die Einrichtung der Welt, die er
beherrschen will, gründen? Auf die Laune des einzelnen?
Was für eine Verwirrung! Auf das Recht? Er kennt es nicht!

Sicherlich. Kennte er es, so würde man niemals diesen
Grundsatz aufgestellt haben, der von allen Grundsätzen,
die die Menschen kennen, der gewöhnlichste ist: daß jeder
den Sitten seines Landes folgen solle; der Glanz der wahren
Gerechtigkeit würde alle Völker bezwungen haben, und die
Gesetzgeber hätten nicht an Stelle dieses unveränderlichen
Rechtes die Hirngespinste und Launen von Persern und
Deutschen zum Vorbild gewählt. Man würde das Recht in
allen Staaten und zu allen Zeiten gehegt finden, während
man so kein Recht und kein Unrecht findet, das nicht mit
dem Klima das Wesen ändere. Drei Breitengrade näher zum
Pol stellen die ganze Rechtswissenschaft auf den Kopf, ein
Längengrad entscheidet über Wahrheit; nach wenigen Jah-
ren der Gültigkeit ändern sich grundlegende Gesetze; das
Recht hat seine Epochen, der Eintritt des Saturn in den
Löwen kennzeichnet die Entstehung dieses oder jenes Ver-
brechens. Spaßhafte Gerechtigkeit, die ein Fluß begrenzt!
Diesseits der Pyrenäen Wahrheit, jenseits Irrtum.

Man behauptet, daß das Recht nicht in diesen Gebräuchen
liege, sondern in den Gesetzen des Naturrechts wohne, das
allen Ländern gemeinsam sei. Sicher würde man hartnäckig
auf dieser Ansicht bestehen, wenn die Willkür des Zufalls,
die die menschlichen Gesetze unter die Menschen säte,
wenigstens eines getroffen hätte, das allgemein gültig ist;
der Scherz aber ist, daß sich die Menschen aus Laune so
gründlich unterschieden haben, daß es keines gibt.

Der Raub, die Blutschande, der Mord an Kindern und
Eltern, alles hat seinen Ort unter den tugendhaften Handlungen. Nichts kann lächerlicher sein, als daß ein Mensch
das Recht hat, mich zu töten, weil er jenseits des Wassers
wohnt und weil sein Fürst mit meinem Krieg führt, obgleich
ich keinen Streit mit ihm habe!

Fraglos gibt es Gesetze des Naturrechts, aber diese prächtige, verderbte Vernunft hat alles verdorben. Nihil amplius

nostrum est; quod nostrum dicimus, artis est[1]. Ex senatus
consultis et plebiscitis crimina exercentur[2]. Ut olim vitiis,
sic legibus laboramus[3].

Diese Verwirrung ist der Grund, daß einer sagt, das Wesen
des Rechtes sei die Autorität des Gesetzgebers, ein anderer,
der Nutzen des Herrschers, ein dritter, der gegenwärtige
Brauch, und das einzig Gewisse ist: daß gemäß der reinen
Vernunft nichts an sich gerecht ist, alles schwankt mit der
Zeit. Die Gewohnheit allein macht das ganze Recht; daß
es überliefert ist, ist sein einziger Grund; sie ist das
mystische Fundament seiner Autorität. Wer es auf seinen
wahren Grund zurückführen will, der hebt es auf. Nichts
ist so fehlerhaft als jene Gesetze, die die Mängel abstellen
wollen; wer ihnen folgt, weil sie gerecht seien, folgt einer
Gerechtigkeit, die nur in seiner Einbildung besteht, nicht
aber in der Wirklichkeit des Gesetzes: es ist gänzlich aus
sich selbst erzeugt, es ist ein Gesetz, aber nicht mehr. Wer
den Anlaß hierzu prüft, wird ihn so schwach und nichts-
sagend finden, daß er, falls er ungewohnt ist, die Erscheinungen des Wahns der Menschen zu bedenken, sich wundern wird, daß man in einem Jahrhundert so viel Wesens
davon machen konnte. Die Kunst, gegen den Staat zu
wühlen, ihn umzustürzen, besteht darin, die überkommenen
Bräuche dadurch zu erschüttern, daß man bis an ihren
Ursprung hinabsteigt, um dadurch ihren Mangel an Be-
rechtigung und Recht aufzudecken. Man sagt dann, man
müsse auf die ursprünglichen und grundlegenden Gesetze
des Staates, die ein ungerechter Brauch verdorben habe,
zurückgehen. Das ist das sicherste Mittel, um alles zu verlieren; nichts bleibt gerecht auf dieser Waage. Das Volk

---

[1] Nichts weiter gehört uns und was wir dafür halten, ist künstlicher
Entstehung (nach Cicero).

[2] Auf Grund von Senats- und Volksbeschlüssen begeht man Verbrechen (Seneca).

[3] Wie einst an Lastern, so leiden wir jetzt an Gesetzen (Tacitus).

indessen leiht nur zu gern diesen Reden das Ohr. Sie schüt-
teln das Joch ab, sobald sie von ihm wissen, und die Großen
sind Nutznießer seines Verfalls und dieser vorwitzigen
Kritiker der überkommenen Bräuche. Deshalb sagte der
weiseste Gesetzgeber, daß man die Menschen zu ihrem
Wohl oft betrügen müsse, und ein anderer guter Politiker:
Cum veritatem qua liberetur ignoret, expedit quod falla-
tur[1]. Man darf die Wahrheit der gesetzlosen Setzung nicht
merken lassen, sie wurde einmal ohne Begründung gegeben,
sie ist vernünftig geworden; man muß sie als maßgeblich,
ewig betrachten und ihr Herkommen verbergen, wenn man
nicht will, daß sie bald ende.   294

101

Weshalb töten Sie mich? — Weshalb? Wohnen Sie nicht
jenseits des Wassers? Mein Lieber, würden Sie diesseits
wohnen, wäre ich ein Mörder, und es wäre Verbrechen, Sie
solcherart zu töten; da Sie aber am anderen Ufer wohnen,
bin ich ein Held, und was ich tue ist recht.   293

102

Ein einzelner Mensch und noch dazu einer, der voreingenommen ist, urteilt, wenn die Frage zu entscheiden ist, ob man
Krieg führen und so viele Menschen töten, so viele Spanier
zum Tode verurteilen soll. — Das sollte durch einen un-
beteiligten Dritten geschehen.   296

103

Veri juris. Wir haben keines mehr: hätten wir es, dann
würden wir nicht als Richtschnur des Rechtes nehmen, daß
jeder den Sitten seines Landes folgen solle.

---

[1] Da das Volk die Wahrheit, die es befreien kann, nicht kennt, ist
es ihm zuträglich, daß es getäuscht werde.

Weil man das Recht nicht finden konnte, hat man die
Macht gefunden usw. 297

104

Gerechtigkeit. Wie die Mode bestimmt, was uns gefällt, so
bestimmt sie auch das Recht. 309

105

Die Tyrannei besteht in dem Verlangen, überall und auch
außerhalb seines eignen Bereichs zu herrschen.
Verschiedne Gruppen: Starke, Schöne, Kluge, Fromme, jede
herrscht bei sich zu Haus und nicht anderswo. Und mitunter treffen sie aufeinander, und der Starke und der
Schöne schlagen sich völlig töricht darum, wer Herr des
andern sein solle, denn ihre Herrschaft ist unterschiedlicher
Art. Sie können sich nicht verständigen, und ihr Fehler ist,
überall herrschen zu wollen. Nichts kann das, nicht einmal
die Macht, sie hat nichts in dem Königreich der Gelehrten
zu bestellen; sie ist nur Herrin äußerer Handlungen.
Tyrannei. Also sind solche Reden falsch und tyrannisch:
Ich bin schön, also muß man mich fürchten — ich bin stark,
also muß man mich lieben — ich bin . . .
Tyrannei ist: auf eine Weise haben zu wollen, was man
nur auf andere haben kann. Verschiedenes fordern die verschiedenen Vorzüge: Das Gefallende verpflichtet zur Liebe,
die Macht verpflichtet zur Furcht, das Wissen verpflichtet
zu glauben.
Wozu man verpflichtet ist, das soll man erfüllen, es ist
unrecht, sich dem zu entziehen, und es ist unrecht, daneben
anderes zu fordern. Also ist es zugleich falsch und tyrannisch, wenn man sagt: er ist nicht mächtig, also achte ich
ihn nicht, er ist nicht gebildet, also fürchte ich ihn nicht.
332

106

König und Tyrann.

Auch ich würde meine geheimen Gedanken haben. Auf jeder
Reise würde ich mich vorsehen.

Größe der Staatseinrichtung, Achtung vor der Staatseinrichtung.

Das Vergnügen der Großen ist, glücklich machen zu können. Zum Wesen des Reichtums gehört es, großzügig zu
geben.

Das Wesen jedes Dinges sollte gesucht werden. Zum Wesen
der Macht gehört es, zu beschützen.

Wenn die Muskelkraft die Maske angreift; wenn ein ein-
facher Soldat das Barett eines Gerichtspräsidenten nimmt
und aus dem Fenster wirft.   . 310

107

Alles hat Gott für sich geschaffen, er gab die Macht, zu
strafen und zu belohnen an seiner Stelle. Ihr könnt sie euch
selbst oder Gott zuschreiben. Schreibt ihr sie Gott zu, dann
ist das Evangelium die Richtschnur. Schreibt ihr sie euch zu,
dann maßt ihr euch den Ort Gottes an. Wie Gott von
Leuten umgeben ist, die voll der Gottesliebe sind, die ihn
um die Güter der Gottesliebe bitten, welche in seiner Macht
sind, so . . .

Erkennt also und wisset, daß ihr nur ein König der Konkupiszenz seid und daß ihr die Wege der Konkupiszenz
wähltet.   314

108

Ursache der Wirkungen. Die Konkupiszenz und die Kraft
sind der Ursprung all unserer Handlungen: die Konkupiszenz
ist die Ursache der freiwilligen, die Kraft der unfreiwilligen.

334

109

Widerspruch ist ein schlechter Erweis der Wahrheit. Wieviel
wahren Dingen wurde widersprochen, wieviel falsche pas-
sierten ohne Widerspruch. Der Widerspruch ist weder Zeichen des Falschen, noch die Widerspruchsfreiheit Zeichen
der Wahrheit.   384

110

(Lange lebte ich in dem Glauben, daß es eine Gerechtigkeit
gäbe, und darin täuschte ich mich nicht, denn es gibt sie,
und zwar soweit sie uns Gott hat enthüllen wollen. So aber
wertete ich es nicht, und darin täuschte ich mich, denn ich
glaubte, unser Recht sei wesentlich gerecht, und daß ich
etwas besäße, wonach ich es erkennen und beurteilen könne.
Ich fand aber so oft, daß ich falsch urteilte, daß ich endlich
anfing, mißtrauisch gegen mich und dann gegen die andern
zu werden. Ich sah alle Länder und Menschen der Änderung
unterworfen, und ich erkannte nach so häufigen Änderungen
im Urteil über das wahre Recht, daß unsere Natur nur im
fortwährenden Ändern besteht; und seitdem änderte ich
meine Ansicht nicht mehr, und wenn ich sie änderte, würde
ich nur meine Meinung bestätigen.)   375

Größe und Niedrigkeit des Menschen

111

Die Natur des Menschen kann man auf zwei Weisen erfassen: einmal in Hinblick auf sein Ziel; und da ist er
groß und unvergleichlich; dann nach dem Durchschnitt, wie
man Pferde und Hunde beim Rennen und nach dem animum
arcendi, nach dem Durchschnitt beurteilt; und da ist der

Mensch verworfen und gemein. Das sind die beiden Wege,
die uns so verschieden über ihn urteilen lassen und so viel
Streit der Philosophen hervorrufen. Denn der eine leugnet
die Voraussetzungen des andern; der eine behauptet, er sei
nicht geboren zu diesem Ziel, denn all sein Handeln wider-
streite dem; der andere sagt, er entferne sich von dem Ziel,
wenn er diese niedrigen Handlungen tue.   415

112

Der Mensch ist offenbar zum Denken geschaffen, das ist
seine ganze Würde und sein ganzes Verdienst; und es ist
seine ganze Pflicht, richtig zu denken. Nun, die Ordnung
des Denkens fordert, daß man mit sich selbst beginne, und
zwar mit seinem Schöpfer und mit seinem Ende.
Nun, woran denken die Menschen? Daran nie, sondern an
Tanzen, Laute spielen, Singen, Dichten, Ringe stechen usw.
und daran, sich zu schlagen, sich zum König zu machen,
ohne nachzudenken, was es ist, König zu sein, und was es
ist, Mensch zu sein.   146

113

Die Größe des Menschen ist groß, weil er sich als elend
erkennt. Ein Baum weiß nichts von seinem Elend. Also:
elend ist nur, wer sich als elend kennt; aber nur das ist
Größe, zu wissen, daß man elend ist.   397

114

Ohne Empfindung ist man nicht elend; ein zerstörtes Ge-
bäude ist es nicht; nur der Mensch ist elend: Ego vir videns.
                                                            399

115

Das Denken macht die Größe des Menschen.   346

116

Ich kann mir wohl einen Menschen ohne Hände, Füße, Kopf vorstellen (denn nur aus der Erfahrung wissen wir, daß der Kopf wichtiger ist als die Füße). Einen Menschen aber, der nicht denkt, kann ich mir nicht vorstellen, denn das würde ein Stein oder ein unvernünftiges Tier sein. 339

117

Die Rechenmaschine zeigt Wirkungen, die dem Denken näher kommen als alles, was Tiere vollbringen; aber keine, von denen man sagen muß, daß sie Willen habe wie die Tiere. 340

118

Denken. Die ganze Würde des Menschen liegt im Denken. Was aber ist dieses Denken, wie töricht ist es!
Also ist das Denken ein Wunder und in seinem Wesen ohne Vergleich. Befremdende Mängel müßte es haben, wenn es verächtlich sein sollte; nun, es hat solche, daß nichts lächerlicher ist. Wie groß ist es durch seine Wesenheit, wie niedrig durch seine Mängel! 365

119

Nur ein Schilfrohr, das zerbrechlichste in der Welt, ist der Mensch, aber ein Schilfrohr, das denkt. Nicht ist es nötig, daß sich das All wappne, um ihn zu vernichten: ein Windhauch, ein Wassertropfen reichen hin, um ihn zu töten. Aber, wenn das All ihn vernichten würde, so wäre der Mensch doch edler als das, was ihn zerstört, denn er weiß, daß er stirbt, und er kennt die Übermacht des Weltalls über ihn; das Weltall aber weiß nichts davon.

Unsere ganze Würde besteht also im Denken, an ihm
müssen wir uns aufrichten und nicht am Raum und an der
Zeit, die wir doch nie ausschöpfen werden. Bemühen wir
uns also, richtig zu denken, das ist die Grundlage der Sittlichkeit.   347

120

Das denkende Rohr. Nicht im Raum habe ich meine Würde
zu suchen, sondern in der Ordnung meines Denkens. Besäße
ich Landgüter, ich hätte nicht mehr an Würde. Durch den
Raum erfaßt mich das Weltall und verschlingt mich wie
einen Punkt, durch das Denken erfasse ich es.   348

121

Herrischer als irgendein Führer gebietet uns die Vernunft.
Denn wenn man ihm nicht gehorcht, ist man unglücklich;
gehorcht man ihr nicht, ist man ein Tor.   345

122

All dieses Elend selbst beweist seine Größe, es ist das Elend
eines großen Herrn, das Elend eines entthronten Königs.
                                                          398

123

Wir wünschen die Wahrheit, und wir finden in uns nur
Ungewißheit.
Wir suchen das Glück, und wir finden nur Elend und Tod.
Wir sind unfähig, Wahrheit und Glück nicht zu wünschen,
und sind der Gewißheit und des Glückes nicht fähig. Dieser
Wunsch blieb uns von dort, von wo wir gefallen sind, so-
wohl um uns zu bestrafen als um es uns fühlen zu lassen.
                                                          437

124

Zweierlei unterrichtet den Menschen über seine Natur: der
Instinkt und die Erfahrung.   396

125

Trotz der Schau unseres ganzen Elends, die uns anfaßt und
würgt, haben wir einen Trieb, daß wir nicht unterdrücken
können, was uns erhebt.   411

126

Der Mensch weiß nicht, welchen Rang er sich zuerkennen
soll. Sichtbar ist er verirrt und von dem wahren Ort gefallen, ohne daß er ihn wiederfinden könnte; überall sucht
er ihn in den undurchdringlichsten Finsternissen voller Unruhe und ohne Erfolg.   427

127

Die größte Niedrigkeit des Menschen ist, den Ruhm zu
suchen, und doch ist das grade das deutlichste Merkzeichen
seiner Auszeichnung; denn mag einer auf Erden besitzen,
was er will, wie gesund und wie wohlhabend er immer sei,
er ist nicht zufrieden, wenn ihn die Menschen nicht achten.
So hoch achtet man das Urteil des Menschen, daß niemand
zufrieden ist, wie bevorzugt immer seine Stellung auf Erden
sein mag, wenn ihm nicht auch im Urteil der Menschen ein
bevorzugter Platz eingeräumt wurde. Das ist der schönste
Platz auf Erden, nichts kann ihn von diesem Wunsch abbringen, und das ist die unauslöschbarste Eigenschaft des
menschlichen Herzens.
Auch die, die die Menschen am tiefsten verachten und ihn
den Tieren gleichwerten, sie sogar wollen dafür bewundert
werden, wollen, daß man ihnen glaubt, und sie widerlegen
sich durch ihr eignes Empfinden; ihre Natur ist stärker als

alles, sie überzeugt sie von der Größe des Menschen eindeutiger, als die Vernunft sie von ihrer Niedrigkeit überzeugt.   404

128

Größe des Menschen. Eine so hohe Vorstellung von der
Seele des Menschen haben wir, daß wir es nicht ertragen
können, von ihr verabscheut und nicht wenigstens von einer
Seele geachtet zu werden; und in dieser Achtung besteht das
ganze Glück des Menschen.   400

129

Aberglaube und Konkupiszenz.
Zweifel und böse Wünsche.
Böse Angst: Angst, die nicht aus dem Glauben an Gott
stammt, sondern aus dem Zweifel, ob er ist oder nicht ist.
Die wahre Angst entstammt dem Glauben, die falsche dem
Zweifel. Die wahre Angst ist der Hoffnung verbunden, weil
sie vom Glauben gezeugt ist und man zu Gott hofft, an den
man glaubt: die böse ist der Verzweiflung verbunden, weil
man den Gott fürchtet, an den man nicht glaubt. Die einen
fürchten, ihn zu verlieren, die andern fürchten, ihn zu finden.
                                                          262

130

Größe des Menschen sogar in seiner Konkupiszenz, da er
es verstanden hat, aus ihr eine bewunderungswürdige Ordnung zu schaffen und ein Bild der Liebe Gottes daraus zu
formen.   402

131

Recht, Macht. Es ist gerecht, daß befolgt wird, was gerecht
ist; notwendig ist, daß man dem, was mächtiger ist, folgt.

Das Recht ohne Macht ist machtlos; die Macht ohne Recht ist tyrannisch. Dem Recht, das keine Macht hat, wird widersprochen, weil es immer Verbrecher gibt; die Macht ohne Recht ist auf der Anklagebank. Also muß man das Recht und die Macht verbinden und dafür sorgen, daß das, was Recht ist, mächtig, und das, was mächtig ist, gerecht sei. Das Recht kann bestritten werden, die Macht ist deutlich kenntlich und unbestritten. So konnte man dem Recht nicht zur Macht verhelfen, weil die Macht das Recht bestritt und behauptete, es sei unrecht, und behauptete, sie wäre es, die das Recht sei. Und da man nicht erreichen konnte, daß das, was recht ist, mächtig sei, machte man das, was mächtig ist, Rechtens. 298

132

Ungerechtigkeit. Gefährlich ist es, das Volk zu lehren, daß die Gesetze nicht gerecht seien, denn es achtet sie nur, weil es sie für gerecht hält. Deshalb muß man ihnen zugleich sagen, man müsse sie achten, weil sie Gesetze sind, ähnlich wie man den Vorgesetzten gehorchen müsse, nicht weil sie gerecht, sondern weil sie Vorgesetzte sind. Dadurch ist, wenn man erreichen kann, daß man das versteht, jedem Aufruhr vorgebeugt, und das ist die eigentliche Definition der Rechtsprechung. 326

133

Die Gewohnheit, den König von einer Leibwache, Trommlern, Offizieren und all dem Zeug umgeben zu sehen, was den Automaten in Respekt und Schrecken versetzt, bewirkt, daß sein Antlitz den Untertanen, wenn er einmal allein und ohne Begleitung ist, Respekt und Schrecken einflößt; denn in Gedanken scheidet man seine Person nicht von dem Gefolge, das ihn gewöhnlich umgibt. Und die Menschen, die nicht wissen, daß diese Wirkung dieser Gewohnheit ent-

stammt, glauben, sie entspringe einer übernatürlichen Kraft,
und daraus stammen jene Worte wie: Das Zeichen der
Göttlichkeit ist seinem Antlitz aufgeprägt.   308

134

Gesunde Volksmeinungen. Das größte aller Übel sind die
Bürgerkriege. Sie sind unvermeidbar, wenn man nach Verdienst belohnen will, denn jeder wird meinen, daß er die
Belohnung verdiene. Das Unglück, einem Toren zu gehorchen, der durch das Recht der Geburt Nachfolger wird, ist
weder so groß noch so gewiß.   313

135

Das Vernunftloseste auf der Welt wird das Vernünftigste,
weil es bei den Menschen keine natürliche Ordnung gibt.
Gibt es etwas, das weniger vernünftig schiene als die Wahl
des erstgeborenen Sohnes einer Königin zur Regierung
eines Staates? Zur Führung eines Schiffes wählt man doch
nicht denjenigen unter den Reisenden, der aus dem besten
Hause stammt. Solch Gesetz würde lächerlich und ungerecht
sein. Aber weil sie so sind und es immer sein werden,
werden sie vernünftig und gerecht, denn wen sollte man
wählen? Den Tugendhaftesten und Geschicktesten? Sofort
sind wir unweigerlich im Handgemenge, jeder wird behaupten, der Tugendhafteste und Geschickteste zu sein.
Binden wir also diese Eigenschaft an irgendein unbestreit-
bares Faktum. Das ist der älteste Sohn des Königs; das ist
eindeutig, da gibt es keinen Streit. Die Vernunft könnte es
nicht besser machen, denn der Bürgerkrieg ist das größte
Übel.   320b

136

Die Macht des Königs ist auf der Vernunft und auf der
Torheit des Volkes gegründet, und mehr auf der Torheit.
Die Grundlage des Mächtigsten und Wichtigsten auf Erden
ist die Schwäche.
Und dieses Fundament ist bewunderungswürdig sicher, denn
es gibt nichts, was sicherer wäre als das: daß das Volk
immer schwach sein wird. Was auf der wahren Vernunft
gegründet ist, ist sehr viel schlechter begründet, etwa die
Achtung vor der Weisheit.   330

137

Ursache der Wirkungen. Das ist erstaunlich; man meint, ich
solle einem Mann, der in Brokat gekleidet, den sieben oder
acht Lakaien begleiten, keine Achtung erweisen. Wozu? Er
wird mich schlagen lassen, wenn ich ihn nicht grüße; dies
Kleid ist eine Macht. Das ist ebenso wie ein schön geschirrtes
Pferd neben einem anderen. Montaigne scherzte, als er den
Unterschied nicht sehen wollte und sich wunderte, daß es
hier einen gibt, und nach der Ursache fragte. „Wahrhaftig,
sagt er, woher kommt es, usw."   315

138

Gesunde Volksmeinungen. Ein Geck zu sein, ist durchaus
nicht nur eitel. Denn man zeigt damit, daß viele Menschen
für einen arbeiten; die Haare, der Kragen, das Tuch, die
Borten usw. deuten darauf, daß man einen Kammerdiener,
einen Parfümeur usw. hat. Nun, das ist weder ein bloßer
Schein noch ein simples Geschirr, derart mehrere Arme zu
haben; je mehr Arme man hat, um so stärker ist man. Ein
Geck zu sein heißt: seine Macht zeigen.   316

139

Ursache der Wirkungen. Die Schwäche des Menschen ist die
Ursache so vieler Schönheiten, die man schätzte, wie: gut
Flöte zu spielen, ist nur ein Übel, weil wir schwach sind.

329

140

Wie gut hat man daran getan, die Menschen äußerlich und
nicht nach ihren innerlichen Eigenschaften zu unterscheiden.
Wem von uns beiden gebührt der Vortritt? Wer wird vor
dem andern zurücktreten: Der weniger Tüchtige? Aber ich
bin ebenso tüchtig wie er, man wird sich deshalb schlagen
müssen. Er hat vier Lakaien, ich habe nur einen: das sieht
man, man braucht nur zu zählen, an mir ist es, zurück-
zutreten, und ich bin ein Tor, wenn ich murre. Dadurch
bleiben wir friedlich miteinander, und das ist das Wichtigste
von allem.   319

141

Ehrerbietung ist: macht es euch unbequem! Das ist äußerlich billig, aber sehr richtig. Denn es bedeutet: ich werde
alle Unbequemlichkeit auf mich nehmen, wenn Sie meiner
bedürfen, da ich es schon tue, wo es Ihnen zu nichts dient.
— Außerdem dient die Ehrerbietung dazu, die Großen der
Welt abzusondern: nun, wäre Ehrerbietung, im Lehnstuhl
zu sitzen, würde man sie aller Welt erweisen und so die
Unterschiede verwischen; da man es sich aber unbequem
macht, ist der Unterschied deutlich.   317

142

Was ist das *Ich*?
Kann ich sagen, daß jemand, der sich ans Fenster setzt, um
die Vorübergehenden zu betrachten, sich dorthin setzt, um

mich zu sehen, wenn ich zufällig vorübergehe? Nein, denn
er denkt nicht im besonderen an mich; aber der, der irgend
jemanden liebt, weil er schön ist, liebt er ihn? Nein, denn
die Windpocken, die die Schönheit töten werden, aber nicht
den Menschen, werden bewirken, daß er ihn nicht mehr
lieben wird.

Und wenn man mich wegen meines Urteils oder meines
Gedächtnisses schätzt, liebt man mich, *mich*? Nein, denn
diese Fähigkeiten kann ich verlieren, ohne mein Ich zu
verlieren. Wo ist also dieses *Ich*, wenn es weder im Körper
noch in der Seele liegt? Und weshalb liebt man den Körper
oder die Seele, wenn nicht wegen ihrer Eigenschaften, die
nicht das sind, was das Ich ausmacht, da sie vergänglich
sind? Denn würde man die Substanz der Seele eines ab-
strakten Menschen, gleichgültig was sie für Eigenschaften
hätte, lieben? Das ist unmöglich und wäre ungerecht. Also
liebt man niemals die Person, sondern immer nur Eigenschaften.

Deshalb spotte man nicht über die, die Rang und Würden
Ehrerbietung erweisen, denn jeglichen schätzt man auf
Grund geliehener Eigenschaften.   323

143

Ursache der Wirkungen. Man muß einen geheimen Gedanken haben und von ihm aus alles beurteilen, während
man wie das Volk spricht.   336

144

An P. R. Größe und Elend. Das Elend des Menschen folgt
aus der Größe, und die Größe aus dem Elend. Die einen
haben das Elend um so deutlicher erschlossen, als sie es als
Beweis der Größe nahmen, und die andern erschlossen die
Größe um so überzeugender, als sie aus dem Elend selbst

ableiteten; alles, was die einen sagen konnten, um die
Größe zu beweisen, diente den andern nur als Argument,
um das Elend zu folgern; denn man ist um so elender, von
je höher man gefallen ist; und die andern schlossen hieraus
auf das Gegenteil. So hat einer den andern endlos im Kreis
geführt; denn sicher ist, daß in dem Maße, in dem den
Menschen Einsicht wird, sie sowohl Größe als Elend im
Menschen finden. Kurzum, der Mensch weiß, daß er elend
ist: also ist er elend, da er es ist; groß aber ist er, da er
es weiß.   416

145

Diese Doppelheit des Menschen ist so offenbar, daß manche
glaubten, wir hätten zwei Seelen. Eine einfache schien ihnen
unfähig zu derartigem und so plötzlichem Übergang von
maßlosester Anmaßung zu grauenvollster Niedergeschlagen-
heit des Herzens.   417

146

Bürgerkrieg im Menschen zwischen der Vernunft und den
Leidenschaften.
Wenn er nur die Vernunft ohne Leidenschaften hätte . . .
Wenn er nur die Leidenschaften ohne Vernunft hätte . . .
Da es aber beide gibt, geht es nicht ohne Krieg, da man
den Frieden mit dem einen nur haben kann, wenn man im
Krieg mit dem andern liegt: so ist der Mensch immer zer-
rissen und im Gegensatz zu sich selbst.   412

147

Andauernde Rede langweilt.
Fürsten und Könige belustigen sich mitunter, sie sitzen
nicht ständig auf ihren Thronen, dort langweilen sie sich;
man muß die Größe mitunter aufgeben, damit man sie

empfindet, ununterbrochenes Gleichmaß macht alles widerwärtig. Kälte ist angenehm, um sich [nachher] zu erwärmen. Die Natur wirkt schrittweise, itus et reditus. Sie vergeht und kehrt wieder, jetzt weiter, dann zweimal weniger, dann mehr als je usf.
Die Gezeiten des Meeres sind so, selbst der Lauf der Sonne scheint so:

355

148

Die großen Leistungen des Geistes, an die die Seele mitunter rührt, sind nichts, worin sie sich dauernd halten kann; sie sind ein Sprung, nicht auf den Thron, für die Dauer, sondern nur für einen Augenblick. 351

149

Will man die Tugenden bis zum Äußersten, sei es nach dieser oder jener Richtung erfüllen, so erweisen sie sich als Laster, die sich in Mengen unmerkbar auf dem unmerklichen Abstieg gegen das unendlich Kleine einschleichen, und sie erweisen sich in Mengen als Laster auf der Seite des unendlich Großen, so daß man sich in den Lastern verliert und rings keine Tugend mehr sieht. Man vergreift sich selbst an der Vollkommenheit. 357

150

Nicht aus eigner Kraft halten wir uns in der Tugend, sondern dadurch, daß sich entgegengesetzte Laster das Gleichgewicht halten, ähnlich wie man, wenn der Wind aus entgegengesetzten Richtungen bläst, aufrecht bleibt: nehmt eins dieser Laster fort, so verfallen wir dem andern. 359

151

Zu frei zu sein, ist nicht gut; alles zu haben, was nötig ist,
ist nicht gut.　　　　　　　　　　　　　　　　　　　379

152

Skeptizismus. Die höchste Geistigkeit ist als Torheit angeklagt, wie der höchste Mangel. Nichts als das Mittelmäßige
ist gut. Die Mehrheit hat das so verfügt, und wer alle und
jeden angreift, zu welchem Zweck es auch sei, vergißt sich.
Ich werde mich nicht darauf versteifen, ich bin damit ein-
verstanden, wohin man mich setzt, und daß man mir den
Platz am untern Ende, nicht, weil er unten ist, sondern
weil es ein Ende ist, verweigert, denn ich würde mich ebenso
weigern, wenn man mich obenhin setzte. Die Mitte verlassen, heißt die Menschlichkeit verlassen. Die Größe der
menschlichen Seele besteht darin, daß sie versteht, sich in
der Mitte zu halten, nicht nur, daß es nicht groß ist, sie
zu verlassen, — es ist groß, sie nicht zu verlassen.　　378

153

Gefährlich ist es, wenn man den Menschen zu sehr darauf
hinweist, daß er den Tieren gleicht, ohne ihm zugleich seine
Größe vor Augen zu führen. Noch gefährlicher ist, wenn
man ihm seine Größe ohne seine Niedrigkeit vor Augen
führt. Am gefährlichsten ist es, ihn in Unkenntnis über
beides zu lassen. Aber sehr nützlich ist, ihm das eine und
das andere darzustellen.
Weder darf der Mensch glauben, er gleiche den Tieren,
noch er gleiche den Engeln, noch darf er in Unkenntnis über
dieses und jenes sein, sondern er muß dieses und jenes
wissen.　　　　　　　　　　　　　　　　　　　　　418

154

Der Mensch ist weder Engel noch Tier, und das Unglück
will, daß, wer den Engel will, das Tier macht.   358

155

Schmeichelt er sich, so erniedrige ich ihn; erniedrigt er sich,
so schmeichle ich ihm; und immer widerspreche ich, bis er
begreift, daß er ein unbegreifbares Unwesen ist.   420

156

Ich werde nicht dulden, daß man sich bei diesem, auch nicht,
daß man sich bei jenem beruhigt, damit, wenn man ohne
Stützpunkt und ohne Ruhe ist.   419

157

Ich tadele die, die den Menschen preisen, ebenso wie die,
die ihn tadeln, und wie die, die ihn zu zerstreuen trachten;
nur die kann ich anerkennen, die stöhnend suchen.   421

158

*Widersprüche. Nachdem die Niedrigkeit und die Größe des
Menschen gezeigt wurde.* Nun schätze der Mensch seinen
Preis; er liebe sich, denn er hat teil an der Natur, die ihn
des Guten befähigt; aber er hüte sich deshalb, die Niedrig-
keiten zu lieben, die dabei sind. Er verachte sich, weil diese
Fähigkeit brach liegt; aber er verachte deshalb nicht diese
Fähigkeit seines Wesens. Er hasse sich, er liebe sich: er hat
die Fähigkeit, die Wahrheit zu kennen und glücklich zu
sein, aber er besitzt keine Wahrheit, noch Beständiges oder
Befriedigendes.

Dahin also möchte ich den Menschen bringen, daß er die
Wahrheit zu finden wünscht und bereit ist und frei von
Leidenschaften, um ihr zu folgen, wo er sie finden wird,
und dabei wisse, wie sehr seine Kenntnisse durch Leidenschaften getrübt sind; ich möchte wohl, daß er die lüsternen
Triebe seines Innern, die ihn eigenwillig bestimmen, hasse,
damit sie ihn nicht blenden, wenn er wählt, und ihn nicht
zurückhalten, wenn er gewählt haben wird.   423

159

So unempfindlich sein, um Dinge, die uns angehen, zu verachten, und dem gegenüber unempfindlich werden, was uns
am meisten angeht.   197

Die Wahrheit ist zu suchen

160

Wir sind Possenreißer, daß wir uns in der Gesellschaft von
uns Gleichen erholen, die elend wie wir, unmächtig wie wir
sind: sie werden uns nicht helfen; — allein wird man sterben. Also gilt es zu handeln, als ob man allein wäre; und
würde man dann prächtige Häuser bauen usw.? Man würde,
ohne zu zögern, die Wahrheit suchen; und wenn man sich
weigert, das zu tun, so beweist man, daß man die Achtung
der Menschen höher schätzt als das Suchen der Wahrheit.
                                                   211

161

Es ist unbestreitbar, daß, falls die Seele sterblich oder unsterblich ist, das jeweils eine völlig verschiedene Moral
begründen müßte. Die Philosophen aber haben ihre Moral-

lehren unabhängig davon entwickelt; sie lehren, wie man
eine Stunde verbringen soll.
Platon, um auf das Christentum vorzubereiten.   219

162

Ordnung durch Gespräch. Was soll ich tun? Ringsum sehe
ich nur Dunkelheit. Könnte ich glauben, daß ich nichts bin?
Könnte ich glauben, daß ich Gott bin?
Alles wandelt sich und folgt aufeinander. — Sie irren sich,
es gibt . . .   227

163

Gefängnis. Ich finde es in Ordnung, daß man nicht die Lehre
des Kopernikus ergründet, sondern diese: Es ist von entscheidender Wichtigkeit für das ganze Leben, zu wissen, ob
die Seele sterblich oder unsterblich ist.   218

164

Atheismus ist Kennzeichen eines starken Geistes, aber nur
bis zu einem gewissen Grade.   225

165

Die Atheisten dürften nur Dinge sagen, die vollkommen
klar sind: nun, es ist keineswegs vollkommen klar, daß die
Seele stofflich ist.   221

166

. . . Daß sie wenigstens die Religion, die sie bekämpfen,
kennten, bevor sie sie bekämpfen. Wenn diese Religion sich
rühmte, sie schaue Gott in der Klarheit und besitze ihn
deutlich und unverschleiert, dann würde man, um sie zu

bekämpfen, nur zu sagen brauchen, daß man in der Welt
nichts fände, was ihn in dieser Evidenz zeige. Da sie aber
im Gegenteil lehrt, daß die Menschen in den Finsternissen
und fern von Gott seien, daß er sich ihrer Erkenntnis verborgen habe und daß dies sogar der Name, Deus absconditus, sei, den er sich in der Schrift gegeben; und wenn sie
ferner nur darum bemüht ist, zwei Dinge klarzustellen,
nämlich, daß Gott sich in der Kirche merklich versinnlicht
hat, damit die, die ihn wahrhaft suchen, ihn erkennen können, und daß er seine Zeichen trotzdem derart verschleiert
hat, daß nur die ihn erkennen können, die ihn von ganzem
Herzen suchen; was gewinnen sie dann daraus, wenn sie in
der Nachlässigkeit, aus der sie ihr Geschäft als Wahrheits-
sucher machen, ausrufen, daß ihnen nichts die Wahrheit
zeige? Denn diese Dunkelheit, in der sie sich befinden und
die sie der Kirche unterstellen, beweist nur etwas, auf dem
die Kirche gründet, ohne das andere anzurühren, beweist
ihre Lehre, ohne sie im entferntesten zu vernichten.
Wollten sie sie bekämpfen, müßten sie sagen, sie hätten
sich mit allen Mitteln bemüht, die Wahrheit zu suchen;
überall, und auch dort, wo die Kirche sie hinwies, um sich
zu unterrichten, hätten sie sie gesucht, aber alles wäre vergeblich gewesen. Sagten sie dies, dann würden sie die Wahrheit einer ihrer Behauptungen in Frage stellen. Aber ich
hoffe hier zeigen zu können, daß es keinen vernünftigen
Menschen gibt, der derart sprechen kann, und ich stehe nicht
an zu behaupten, daß es keiner je tat. Man weiß schon,
wie die vorgehen, die ihres Geistes sind. Weil sie einige
Stunden der Lektüre einiger Bücher der Schrift gewidmet
haben, weil sie gelegentlich einen Geistlichen über die
Wahrheiten des Glaubens befragt haben, meinen sie, große
Mühe aufgewandt zu haben, um sich zu unterrichten. Danach rühmen sie sich, erfolglos in Büchern und bei Menschen geforscht zu haben. Aber wahrhaftig, ich würde ihnen

sagen, was ich ihnen oft gesagt habe: diese Oberflächlichkeit ist unerträglich. Hier handelt es sich nicht um eine Nebensache, die irgendeinen beliebigen fremden Menschen betrifft, so daß man sie derart behandeln könnte, es handelt sich um uns selbst, um alles.

Die Unsterblichkeit der Seele geht uns dermaßen an, berührt uns derart im tiefsten, daß, wer bei der Frage, was damit ist, gleichgültig bleibt, jegliches Gefühl eingebüßt haben muß. Je nachdem, ob ein ewiges Gut zu erhoffen oder nicht zu erhoffen ist, müssen all unsere Handlungen und Gedanken verschiedene Richtung einschlagen, so daß es unmöglich ist, irgendeine Entscheidung mit Vernunft und Überlegung zu treffen, die man nicht in Hinblick auf diesen Punkt, der unser letztes Ziel sein soll, leiten müßte.

Es ist also unser eigenster Nutzen und unsere höchste Pflicht, uns darüber, wovon unser ganzes Verhalten abhängt, aufzuklären. Und deshalb mache ich unter denen, die nicht daran glauben, einen gewaltigen Unterschied zwischen solchen, die sich mit aller Kraft bemühen, um sich zu unterrichten, und denen, die leben, ohne sich darum zu bemühen und ohne daran zu denken.

Mit denen, die ernsthaft in diesem Zweifel leiden, für die er das letzte Unglück ist und die nichts verabsäumen, um ihm zu entkommen, die hierin ihre wichtigste und ernsthafteste Aufgabe sehen, kann ich nur Mitleid haben.

Aber die beurteile ich völlig verschieden, die ihr Leben verbringen, ohne an dieses letzte Ziel des Lebens zu denken, und die aus dem einzigen Grund, weil sie nicht selbst die Einsicht finden, die sie überzeugt, verabsäumen, sie anderswo zu suchen und ernsthaft zu prüfen, ob diese Lehre zu denen gehört, die das Volk leichtgläubig annimmt, oder ob sie, obgleich sie an sich dunkel ist, trotzdem auf sehr festem und unerschütterlichem Grunde steht.

Diese Nachlässigkeit in einer Angelegenheit, wo es sich um

sie selber handelt, um ihre Ewigkeit, um alles, erzürnt mich
mehr, als daß sie mich betrübt; sie verblüfft mich und ent-
setzt mich, das ist ein Unwesen für mich. Das sage ich hier
nicht etwa mit dem frommen Eifer geistlicher Frömmelei;
ich meine im Gegenteil, man müßte das Empfinden hierfür
aus menschlicher Selbstsucht und Eigenliebe haben; braucht
man doch nur einzusehen, was die am wenigsten Einsich-
tigen einsehen.

Keine sonderlich erhabene Seele ist nötig, um zu begreifen,
daß es auf Erden kein wahrhaftes und beständiges Glück
gibt und daß all unsere Vergnügungen nur eitel sind, daß
unsere Leiden unzählbar sind und daß zum Schluß der Tod.
der uns ständig bedroht, uns unaufhebbar in wenig Jahren
vor die entsetzliche Notwendigkeit stellen wird, daß wir
entweder auf ewig vernichtet oder auf ewig elend sind.

Nichts Wirklicheres, nichts Furchtbareres als das gibt es.
Man spiele, so viel man will, den Heldischen, das ist der
Schluß, den das glänzendste Leben erwartet. Darüber denke
man nach, und dann antworte man, ob es nicht unbezweifelbar ist, daß in diesem Leben das Gut nur in der Hoffnung
auf ein anderes Leben besteht, daß man nur glücklich ist
in dem Maße, in dem man sich ihm nähert, und daß, da es
für die, die von der Ewigkeit völlig überzeugt sind, kein
Unglück mehr geben wird, es auch für die kein Glück gibt,
die davon nichts wissen.

Es ist also sicherlich ein großes Übel, in diesem Zweifel
zu sein, aber er verpflichtet zum mindesten, wenn man derart zweifelt, zu suchen, so daß der, der zweifelt und nicht
sucht, zugleich völlig unglücklich ist und unrecht tut. Wenn
er sich damit beruhigt und zufrieden gibt, wenn er daraus
sein Bekenntnis macht und sich gar rühmt, daß diese Seinslage ihn freue und sein Stolz sei, so fehlen mir die Worte,
um ein derart leichtfertiges Geschöpf zu benennen.

Wie kann man derart empfinden, wie kann uns freuen,

nichts als Elend ohne Hilfe zu erwarten? Wie kann man
sich rühmen, in undurchdringlicher Dunkelheit zu sein, und
wie ist es möglich, daß solche Überlegungen ein vernünf-
tiger Mensch anstellt?

„Weder weiß ich, wer mich in die Welt setzte, noch was
die Welt ist, noch was ich selbst bin. In einer furchtbaren
Unwissenheit über alles und jedes bin ich. Ich weiß nicht,
was mein Leib ist, noch was meine Sinne sind, noch was
meine Seele ist, und der Teil meines Ichs sogar, der in mir
das denkt, was ich sage, der über alles und über mich selbst
nachdenkt, kennt sich nicht besser als das übrige. Ich schaue
diese grauenvollen Räume des Universums, die mich einschließen, und ich finde mich an eine Ecke dieses weiten
Weltenraumes gefesselt, ohne daß ich wüßte, weshalb ich
nun hier und nicht etwa dort bin, noch weshalb ich die
wenige Zeit, die mir zum Leben gegeben ist, jetzt erhielt
und an keinem andern Zeitpunkt der Ewigkeit, die vor mir
war oder die nach mir sein wird. Ringsum sehe ich nichts
als Unendlichkeiten, die mich wie ein Atom, wie einen
Schatten umschließen, der nur einen Augenblick dauert ohne
Wiederkehr. Alles, was ich weiß, ist, daß ich bald sterben
werde, aber was der Tod selbst ist, den zu vermeiden ich
nicht wissen werde, das weiß ich am wenigsten."

„Wie ich nicht weiß, woher ich komme, weiß ich auch nicht,
wohin ich gehe; und nur das weiß ich, daß, wenn ich diese
Welt verlasse, ich entweder für ewig in das Nichts oder in
die Hände eines erzürnten Gottes fallen werde, ohne daß
ich wüßte, welche dieser beiden Lagen auf immer mein Teil
sein soll. Das also ist meine Seinslage, voll von Schwäche
und Ungewißheit. Und aus all dem folgere ich, daß ich die
Tage meines Lebens zu verbringen habe, ohne darüber
nachzudenken, was mit mir geschehen wird! Vielleicht
könnte ich in meinen Zweifeln einen Lichtschein finden,
aber ich habe keine Lust, mich darum zu bemühen, noch

einen Schritt zu tun, um ihn zu suchen, und nachdem ich
für die, die sich mit dieser Sorge quälen, nur Verachtung
habe, bin ich bereit, ohne Voraussicht und furchtlos ein so
mächtiges Erfahren zu erproben, bereit, mich leichtfertig
zum Tode, völlig ungewiß über die Ewigkeit und mein zu-
künftiges Sein, treiben zu lassen." (Welche Gewißheit sie
auch immer haben könnten, sie ist eher ein Grund der Verzweiflung als des Rühmens.)

Wer möchte einen Menschen zum Freund haben, der derart
schwätzt? Wer würde ihn, wenn er die Wahl hat, wählen,
um ihm seine Geschäfte zu übertragen, wer würde bei ihm
Trost für seinen Kummer suchen? Und endlich, wozu
könnte man ihn im Leben gebrauchen?

Wirklich, es ist nur rühmlich für die Religion, daß sie so
törichte Menschen zu Gegnern hat, und ihre Feindschaft ist
ihr so wenig gefährlich, daß sie im Gegenteil zur Festigung
ihrer Wahrheiten dient. Denn der christliche Glaube beruht
fast ganz darauf, diese zwei Dinge klarzustellen: die Verderbnis der menschlichen Natur und die Erlösung durch
Jesus Christus. Nun, ich behaupte, wenn sie nicht geeignet
sind, durch die Reinheit ihrer Sitten für die Wahrheit der
Erlösung zu zeugen, so dienen sie zum mindesten aus-
gezeichnet dazu, für die Verderbnis der menschlichen Natur
durch so völlig entartete Empfindungen zu zeugen.

Nichts ist für den Menschen wichtiger als die Lage, in der
er sich befindet, nichts ist mehr zu fürchten als die Ewigkeit, und deshalb ist es nicht natürlich, wenn man Menschen findet, die unberührt bleiben bei dem Gedanken an
den Verlust des Daseins und an die Gefahr ewigen Elends.
Sie verhalten sich sonst völlig anders, sie haben Furcht
selbst vor dem Harmlosesten, sie sehen die Gefahr voraus,
sie spüren sie. Und eben der gleiche Mensch, der Tag und
Nacht in Kummer und Verzweiflung verbringt, weil er eine
Stellung verloren oder weil man angeblich seine Ehre

kränkte, ist eben der gleiche, der ohne sich zu beunruhigen oder sich aufzuregen, weiß, daß er alles durch den Tod verlieren wird. Es ist ungeheuerlich, daß man in ein und demselben Herzen gleichzeitig diese Empfindlichkeit für das Nichtigste und diese rätselhafte Unempfindlichkeit für das Höchste findet. Das ist eine unbegreifliche Verzauberung und eine übernatürliche Einschläferung, die eine allmächtige Gewalt offenbart, die sie verursacht.

Es muß eine befremdende Verkehrung im Wesen des Menschen stattgefunden haben, damit er sich dieser Seinslage rühme, von der es unglaubhaft scheint, daß auch nur ein Mensch darin bestehen könne. Indessen machte ich die Erfahrung, daß sich so viele darin befinden, daß es überraschend wäre, wenn wir nicht wüßten, daß die Mehrzahl derer, die dabei sind, sich verstellen und in Wirklichkeit nicht so sind. Das sind Menschen, die sagen hörten, es gehöre zum guten Ton, sich derart treiben zu lassen, sie nennen das „das Joch abgeschüttelt haben", und das versuchen sie nachzuahmen. Es wird aber nicht schwierig sein, ihnen klarzumachen, wie weitgehend sie sich täuschen, wenn sie dadurch Achtung suchen. Das ist kein Mittel, um sie zu erwerben, ich meine sogar nicht einmal unter den weltlichen Menschen, soweit sie gesundes Urteil haben und wissen, daß der einzige Weg, um in der Welt Erfolg zu haben, der ist, rechtschaffen, treu und rechtlich zu scheinen und fähig, seinem Freunde nützlich zu sein, weil die Menschen naturgemäß nur schätzen, was ihnen nützlich sein kann. Nun, welche Empfehlung soll darin liegen, wenn wir einen Menschen sagen hören, er habe das Joch abgeschüttelt, er glaube nicht, daß es einen Gott gibt, der über seine Handlungen wache, er betrachte sich selbst als den alleinigen Herrn seiner Entscheidungen und er gedenke, nur sich selbst Rechenschaft abzulegen? Glaubt er, daß er uns dadurch dahin bringt, daß wir ihm unbesorgt vertrauen und Trost

und Hilfe in allen Nöten des Lebens bei ihm suchen?
Glauben sie, sie hätten uns Freude gemacht, als sie uns
sagten, sie hielten dafür, unsere Seele sei nur ein wenig
Wind und Dunst, und es außerdem in einem stolzen und
selbstherrlichen Ton sagten? Kann man davon heiter sprechen, ist es nicht vielmehr ein Ding, von dem nur traurig
zu sprechen wäre wie von dem traurigsten der Welt?
Dächten sie ernsthaft darüber nach, so würden sie einsehen,
wie minder das ist, was sie wählten, wie gegensätzlich zur
Vernunft, wie widersprechend der Rechtschaffenheit und wie
entfernt von jeder Art guter Sitte, die sie suchen, daß sie
eher die, die Lust spüren, ihnen zu folgen, zurückhalten
können als sie verführen. Und tatsächlich, bringt sie nur
dazu, Rechenschaft abzulegen über ihre Empfindungen und
die Gründe, weshalb sie an der Religion zweifeln, so werden sie so schwache und törichte Dinge reden, daß sie euch
vom Gegenteil überzeugen werden. Zutreffend sagte ihnen
das eines Tages jemand: „Wenn ihr fortfahrt, derart zu
schwätzen, sagte er ihnen, bekehrt ihr mich wahrhaftig
wieder zum Glauben." — Und er hatte recht, denn wer sollte
nicht erschreckt sein, wenn er erkennt, daß er Gesinnungen
teilt, wo man derart verächtliche Menschen zu Genossen hat?
Also werden die, die diese Gesinnungen nur vortäuschen,
sehr unglücklich sein, weil sie ihr Gemüt zwingen, sich den
flegelhaftesten Menschen auszuliefern. Wenn sie im Grunde
ihres Herzens betrübt wären, nicht mehr Einsicht zu haben,
was sie sich nicht verhehlen, so wäre diese Feststellung
keine Schande; schandbar ist nur, nichts Derartiges zu empfinden. Nichts zeugt mehr für eine außerordentliche Schwäche
des Geistes, als nichts zu wissen von dem Elend eines Menschen ohne Gott; nichts zeigt mehr die Bosheit des Herzens,
als nicht die Wahrheit der ewigen Versprechungen zu
wünschen; nichts ist feiger, als Gott gegenüber den Heldischen zu spielen. Möchten sie doch solche Ruchlosigkeiten

denen überlassen, die böse genug von Geburt sind, um dazu
fähig zu sein; wären sie doch wenigstens rechtschaffene,
wohlerzogene Menschen, wenn sie nicht Christen sein
können, und erkennten sie endlich, daß es nur zwei Arten
Menschen gibt, die man vernünftig nennen kann: die, die
Gott von ganzem Herzen dienen, weil sie ihn kennen, und
die, die ihn von ganzem Herzen suchen, weil sie ihn nicht
kennen.

Die aber, die leben, ohne ihn zu kennen und ohne ihn zu
suchen, finden sich selbst so wenig ihrer eignen Sorge wert,
daß sie nicht wert der Sorge anderer sind, und man braucht
die ganze Nächstenliebe der Religion, die sie verachten,
damit man sie nicht verachtet und soweit, um sie ihrer
Torheit zu überlassen. Weil uns aber diese Religion verpflichtet zu glauben, daß sie, solange sie leben, der Gnade
der Erleuchtung fähig sind, und zu glauben, daß sie in Kürze
erfüllter vom Glauben sein können, als wir es sind, und daß
wir im Gegenteil der Verblendung verfallen können, in
der sie sind, muß man für sie tun, was wir wünschen würden, daß man für uns täte, wenn wir an ihrer Stelle wären,
und sie aufrufen, Mitleid mit sich selbst zu haben und
wenigstens in etwas zu versuchen, ob sie kein Licht finden
werden. Widmeten sie doch dem Lesen dieser Zeilen einige
jener Stunden, die sie so unnütz anderweit vertun: wie
groß auch ihr Widerwille sein mag, — vielleicht fänden sie
irgendwas darin, und zum mindesten, viel würden sie dabei
nicht verlieren. Was aber die anderen angeht, die vollkommen aufrichtig und wahrhaftig wünschen, die Wahrheit
zu finden, die, hoffe ich, werden zufriedengestellt und überzeugt sein von einer derart göttlichen Religion, deren Beweise ich hier zusammengebracht habe, und wobei ich ungefähr folgende Anordnung beachtet habe ...   194

167

Die Empfindlichkeit des Menschen für das Geringe und die
Unempfindlichkeit für das Wichtige ist Zeichen einer be-
fremdenden Verkehrung.   198

168

Entgleiten. — Das ist ein furchtbar Ding, zu spüren, wie
alles entgleitet, was man besitzt.   212

169

Zwischen uns und der Hölle einerseits und dem Himmel
andererseits gibt es nur das Leben zwischen beiden, das das
zerbrechlichste auf Erden ist.   213

170

Fascinatio nugacitatis[1]. — Damit die Leidenschaften nicht
schaden, handeln, als ob man nur acht Tage zu leben hätte.
                                                      203

171

Drei Arten von Menschen gibt es: die einen, die Gott dienen, weil sie ihn gefunden haben; die andern, die bemüht
sind, ihn zu suchen, weil sie ihn nicht gefunden haben; die
dritten, die leben, ohne ihn zu suchen und ohne ihn gefunden zu haben. Die ersten sind vernünftig und glücklich,
die letzteren sind töricht und unglücklich, die dazwischen
sind unglücklich und vernünftig.   257

---

[1] Die reizende Lust, Weisheit Salomo.

Zweiter Teil

Auf der Suche nach Gott

Was lehren die Philosophen?

172

Vorrede des zweiten Teils. Von denen handeln, die dieses behandelt haben.

Ich bewundere die Kühnheit, mit der diese Leute es unternehmen, von Gott zu sprechen. Sie beginnen damit, wenn sie zu den Ungläubigen reden, die Gottheit durch die Werke der Natur zu beweisen. Ihr Unternehmen würde mich nicht erstaunen, wenn sie zu Gläubigen sprächen, denn sicher ist, daß die, die von Herzen gläubig sind, allsogleich erkennen, daß alles, was ist, nichts als Werk des Gottes ist, den sie verehren. Aber es jenen zu sagen, in denen diese Einsicht verdunkelt ist, die man in ihnen wieder erwecken will, diesen vom Glauben und der Gnade entblößten Menschen, die in allem, was sie in der Natur finden, was sie zu dieser Erkenntnis führen könnte, auch wenn sie sich mit all ihrer Einsicht bemühen, nichts als Dunkelheit und Finsternis finden, ihnen zu sagen, daß sie nur das Geringste, was sie umgibt, betrachten sollten, und dann würden sie Gott entschleiert schauen; und ihnen als Beweis dieser großen und wichtigen Sache nichts als den Lauf des Mondes und der Planeten vorzuführen und zu behaupten, man habe ihn mit solchen Redensarten bewiesen, das bedeutet, daß man ihnen ein Recht gibt zu glauben, die Beweise unserer Religion

seien äußerst schwach, und ich weiß aus Überlegung und Erfahrung, daß nichts geeigneter ist, Verachtung zu wecken.

Die Schrift, die sie besser kennt, spricht nicht so von den
Dingen Gottes. Im Gegenteil, sie sagt, daß Gott ein ver-
borgener Gott ist; und daß er [die Menschen] seit der Verderbnis der Natur in einer Blindheit gelassen hat, von der
sie nur durch Jesus Christus befreit werden können, ohne
den jede Verbindung mit Gott aufgehoben ist: Nemo novit
Patrem, nisi Filius, et cui voluerit Filius revelare[1].

Das ist es, was die Schrift uns zeigt, wenn sie an so vielen
Stellen sagt, daß jene, die Gott suchen, ihn finden werden.
Von diesem Licht redet sie nicht, wie man vom Tag am hel-
len Mittag spricht. Es heißt keineswegs, daß die, die den
Tag am hellen Mittag oder das Wasser im Meer suchen,
finden würden; folglich kann die Faßbarkeit Gottes nicht
derart in der Natur offenbar sein; auch heißt es an anderer
Stelle: Vere, tu es Deus absconditus.   242

173

Seitdem die wahre Natur verloren war, wird alles zu seiner
Natur; ähnlich, als das wahre Gut verloren war, wurde alles
sein wahres Gut.   426

174

Niedrigkeit des Menschen: so niedrig, daß er sich den Tieren untertan machte, so niedrig, daß er sie anbetete.   429

175

*Zweiter Teil. Daß der Mensch ohne den Glauben weder das
wahre Gut noch die Gerechtigkeit kennen kann.* Alle Men-

---

[1] Niemand kennt den Vater denn nur der Sohn und wem es der Sohn
will offenbaren. Matthäus XI, 27.

schen ohne Ausnahme streben danach, glücklich zu sein, wie
verschieden die Wege auch sind, die sie einschlagen; alle
haben dieses Ziel. Der gleiche Wunsch ist es, mag er sich
auch verschieden ansehen, der in diesen und in jenen lebt,
und der bewirkt, daß die einen in den Krieg und die anderen nicht in den Krieg ziehen. Zu keiner Handlung ist der
Wille zu bewegen, jede zielt auf das Glück. Es ist der Be-
weggrund aller Handlungen aller Menschen, selbst derer,
die im Begriff stehen, sich zu erhängen.

Und indessen hat seit so vielen Jahren keiner dies Ziel, auf
das alle es ständig abgesehen haben, ohne den Glauben
erreicht. Alle klagen: Fürsten und Untertanen; Adlige und
Bürger; Alte und Junge; Starke und Schwache; Wissende
und Unwissende; Gesunde und Kranke in allen Ländern
und zu allen Zeiten, jeglichen Alters und jeglichen Standes.

Ein so ausgedehnter, beständiger und gleichförmiger Beweis
sollte uns eigentlich von unserer Unfähigkeit, durch unsere
Bemühungen glücklich zu werden, überzeugen. Aber die Beispiele belehren uns kaum: keines ist jemals so genau zutreffend, daß nicht irgendein feiner Unterschied bliebe, und
dieser ist der Grund, daß wir hoffen, unsere Erwartung
würde dieses Mal nicht enttäuscht werden wie sonst. Da uns
so die Gegenwart nie befriedigt, betrügt uns die Erfahrung
und führt uns von Unglück zu Unglück bis zum Tode, der
sein ewiger Gipfel ist.

Was schreit aus dieser Gier und dieser Unmacht, wenn
nicht das, daß ehemals der Mensch wirklich im Glück war,
wovon uns nichts blieb als die Narbe und die völlig leere
Spur, die der Mensch nutzlos mit allem, was ihn umgibt, zu
erfüllen trachtet, da er von dem Ungegenwärtigen erlangen
will, was er von dem Gegenwärtigen nicht erlangen kann;
wenn nicht das, daß alles hierzu ungeeignet ist, da diesen
unendlichen Abgrund nur ein Unendliches und Unwandel-
bares zu erfüllen vermag, das heißt nur Gott selbst?

Er allein ist des Menschen wahres Gut; und rätselhaft, seit
er sich von ihm abgewandt, gibt es nichts in der Welt, das
nicht geeignet gewesen wäre, seinen Ort zu erfüllen. Sterne,
Himmel, Erde, Elemente, Pflanzen, Kohl, Lauch, Tiere, In-
sekten, Kälber, Schlangen, Fieber, Pest, Krieg, Hungersnot,
Laster, Ehebruch, Blutschande. Seitdem der Mensch dies
wahre Gut verloren hat, konnte ihm alles und jedes das
wahre Gut bedeuten, selbst seine eigene Vernichtung, obgleich sie zugleich gegen Gott, gegen die Vernunft und gegen
die Natur ist.

Die einen suchen das höchste Gut in der Herrschaft, andere
in der Forschung und in den Wissenschaften, andere in der
sinnlichen Lust. Andere, die ihm wirklich näherkamen,
meinten, das, was alle Menschen als höchstes Gut wünschen,
dürfe in keinem Besondern, was ein einzelner besitzen
könne, beschlossen sein, da es seinen Besitzer, wenn man es
teile, durch das, was dann fehlt, mehr betrübe, als ihn die
Lust an dem, was ihm gehört, befriedigen könne. Sie sahen
ein, daß das höchste Gut so sein müßte, daß es alle zugleich, und zwar ohne Minderung und ohne Neid besitzen
könnten und daß es niemand gegen seinen Willen verlieren
könnte. Und ihre Überlegung ist, daß, weil dieser Wunsch
dem Menschen natürlich ist, da er notwendig in allen leben-
dig ist, es unmöglich ist, daß er nichts spüre, daraus schließen sie . . .   425

176

Prächtig, einem Menschen, der nicht weiß, was er ist, einzu-
reden, er solle von sich allein den Weg zu Gott gehen! Und
prächtig, es einem Menschen zu sagen, der weiß, was er ist!
                                                                      509

177

Träumten wir jede Nacht das gleiche, würde es uns genau so
beschäftigen wie alles, was wir täglich sehen; wenn ein

Handwerker sicher sein könnte, jede Nacht zwölf Stunden
lang zu träumen, er sei König, so wäre er, glaube ich, fast
ebenso glücklich wie ein König, der jede Nacht zwölf Stunden lang träumen würde, er sei ein Handwerker.

Träumten wir jede Nacht, wir würden von Feinden verfolgt
und von diesen schreckhaften Schemen gequält, oder man
verbrächte den ganzen Tag mit den verschiedensten Be-
schäftigungen, wie wenn man auf Reisen ist, dann würde
man fast ebenso leiden, wie wenn es Wirklichkeit wäre,
und man würde den Schlaf fürchten, wie man sich vor dem
Erwachen fürchtet, wenn man Furcht hat, daß uns solch Unglück wirklich begegnen könnte. Und tatsächlich wird es
fast die gleichen Leiden bereiten wie die Wirklichkeit.

Weil aber die Traumbilder immer wechseln und ein und
dasselbe sich wandelt, berührt uns das, was man dort sieht,
weniger als das, was man im Wachen sieht; und zwar, weil
hier die Abfolge stetiger ist, die indessen nicht so stetig
und gleichmäßig wäre, daß nicht auch Wandlungen geschä-
hen, wenn auch weniger plötzliche; geschehen sie aber, und
das ist nicht selten, wie zum Beispiel auf Reisen, dann sagt
man: es scheint mir, daß ich träume. Denn das Leben ist
nur ein um ein Weniges weniger unbeständiger Traum.

386

178

Der Skeptizismus ist wahr; denn vor Jesus Christus wußten
die Menschen alles in allem nicht, woran sie waren, und sie
wußten weder, ob sie groß oder klein wären. Und die, die
dies oder jenes lehrten, wußten nichts davon und rieten
grundlos und auf gut Glück, und stets irrten sie, wenn sie
das eine oder das andere ausschlossen.

Quod ergo ignorantes quaeritis, religio annuntiat vobis[1].

432

---

[1] Was ihr nicht kennt und sucht, verkündet euch diese Religion.

179

Mein Gott, was sind das für törichte Reden: „Würde Gott
die Welt geschaffen haben, um sie zu verdammen, würde er
so Schweres von so schwachen Menschen fordern usf.?" —
Das Mittel dagegen ist der Skeptizismus, diese Eitelkeit
wird er zerfetzen.   390

180

Kein anderer hat erkannt, daß der Mensch das vorzüglichste
Geschöpf ist. Die einen, die die Wirklichkeit seiner Auszeichnung erkannten, nannten die Empfindungen der Minderwertigkeit, die den Menschen natürlich sind, Feigheit
und Undankbarkeit; und die andern, die begriffen, wie
durchaus wirklich diese Minderwertigkeit ist, behandelten
das Gefühl der Größe, das dem Menschen ebenso natürlich
ist, mit einem lächerlichen Dünkel.

Die einen sagen: schaut auf zu Gott, seht, wem ihr gleicht
und wer euch schuf, damit ihr ihn anbetet! Ihm könnt ihr
ähnlich werden, die Weisheit wird euch ihm angleichen,
wenn ihr ihr folgen wollt. „Kopf hoch, freie Menschen",
sagt Epiktet. Und die andern lehren ihn: Schlage die Augen
nieder zur Erde, kümmerliches Gewürm, das ihr seid, schaut
die Tiere, die eure Genossen sind!

Was also wird der Mensch werden? Wird er Gott oder den
Tieren gleich sein? Welch entsetzlicher Abstand! Was also
werden wir sein? Wer erkennt nicht aus alledem, daß der
Mensch verirrt, daß er aus seinem Ort gefallen ist, daß er
ihn ruhelos sucht und daß er ihn nicht wiederfinden kann?
Wer aber wird ihn dahin weisen? Die größten Menschen
haben es nicht vermocht.   431

181

Alle ihre Grundsätze sind wahr, die der Skeptiker, die der
Stoiker, die der Atheisten usf. Aber ihre Schlüsse sind falsch,

weil die gegensätzlichen Grundsätze ebenfalls wahr sind.

394

182

Die Stoiker lehren: Kehr bei dir selbst ein; dort findest du
Ruhe; und das ist nicht wahr.
Die andern lehren: Geh hinaus; such das Glück in der Zer-
streuung; und das ist nicht wahr: Krankheiten kommen.
Das Glück ist weder außer uns, noch in uns; es ist in Gott,
und sowohl außer als in uns. 465

183

Die Philosophen forderten keineswegs ein Empfinden, das
beiden Seinslagen angemessen ist.
Sie flößten Regungen reiner Größe ein, und das ist nicht die
Seinslage des Menschen.
Sie flößten Regungen reiner Niedrigkeit ein, und das ist
nicht die Seinslage des Menschen. Regungen der Niedrigkeit
sind notwendig, aber nicht natürliche, sondern der Reue,
nicht, um in ihnen zu verharren, sondern um die Größe zu
gewinnen. Regungen der Größe sind notwendig, nicht als
Verdienst, sondern als Gnade und nachdem man die Niedrigkeit durchschritten hat. 525

Was lehren die Religionen?

184

Wenn ich sehe, wie blind und elend die Menschen sind,
wenn ich bedenke, daß das ganze Weltall stumm und der
Mensch ohne Einsicht sich selbst überlassen ist wie ein Ver-
irrter in diesem Winkel des Weltalls, ohne daß er wüßte,

wer ihn dorthin gebracht, was da zu tun ist, noch was ihm
widerfahren wird, wenn er stirbt, und bedenke, wie unfähig
er ist, irgend etwas gewiß zu wissen, dann überkommt mich
ein Grauen, wie es einen Menschen überkommen müßte, den
man im Schlaf auf einer wüsten und schreckvollen Insel ausgesetzt und der erwachend weder weiß, wo er ist, noch wie
er entkommen kann. Bedenke ich das, dann wundere ich
mich, wie es möglich ist, daß man ob solch elender Lage
nicht verzweifelt. Ich finde andere Menschen in meiner
Nähe, deren Natur meiner gleicht: ich forsche sie aus, ob sie
mehr wissen als ich; sie erwidern mir, nein. Und trotzdem
haben sich diese elend Verirrten, nachdem sie sich umge-
schaut und einiges fanden, was sie freute, diesem, das sie
freute, ergeben und sich daran gebunden. Ich aber, ich habe
mich an nichts binden können, und da ich bedachte, wie
sehr der Anschein dafür spricht, daß es anderes gibt, was ich
nicht sehe, bin ich auf die Suche gegangen, ob dieser Gott
keinerlei Zeichen von sich hinterlassen haben sollte.

Mehrere sich widersprechende Religionen fand ich, die folglich bis auf eine alle falsch sein müssen. Jede verlangt, daß
man sie auf Grund ihrer eigenen Autorität glaube, jede bedroht die Ungläubigen, und deshalb glaube ich ihnen nicht.
Jeder kann das sagen, jeder kann sich Prophet nennen.
Aber ich finde die christliche, wo ich Prophezeiungen finde,
und das ist etwas, das nicht jedem möglich ist.   693

185

Soweit die Religionen in Frage stehen, muß man wahrhaftig
sein: wahrhaft Heide, wahrhaft Jude, wahrhaft Christ. 590

186

Gegen Mohammed. Es ist nicht gewisser, daß der Koran von
Mohammed, als daß das Evangelium von Matthäus ist, denn

viele Schriftsteller erwähnen es von Jahrhundert zu Jahrhundert, selbst Gegner wie Celsius und Porphyrius haben es niemals geleugnet. Der Koran schreibt, daß Matthäus ein rechtschaffner Mensch gewesen wäre. Folglich war er [Mohammed] ein falscher Prophet, da er entweder unrechte Menschen rechtschaffene Leute nannte oder nicht in Übereinstimmung mit dem blieb, was diese von Jesus Christus gelehrt hatten. 597

187

Jeder Mensch kann tun, was Mohammed getan hat, denn er vollbrachte keine Wunder, und er war nicht geweissagt. Kein Mensch kann tun, was Jesus Christus getan hat. 600

188

Ich sehe die christliche Religion gegründet auf einer Religion, die ihr vorhergeht, wobei ich folgendes als zuverlässig wahr finde. Ich will hier nicht von den Wundern des Moses, denen Jesu Christi oder der Apostel sprechen, weil sie zunächst nicht überzeugend zu sein scheinen und weil ich hier nur die Grundlagen dieser christlichen Religion, die unbezweifelbar sind, in Evidenz haben will, und die von niemandem, wer er auch sei, bezweifelt werden können. Sicher ist, daß wir an einigen Orten der Erde ein besonderes Volk finden, das von allen andern Völkern der Erde geschieden ist und das das jüdische heißt.
Weiter finde ich an vielen Orten der Erde und zu allen Zeiten Religionsmacher, die aber weder eine Moral kennen, die mir gefallen könnte, noch Beweise haben, die mich überzeugen könnten, und so würde ich gleicherweise die Religion Mohammeds wie die Chinas oder die der alten Römer und die der Ägypter aus dem einen Grunde abgelehnt haben, weil sich die Vernunft nicht eher für diese als für jene ent-

scheiden kann, da keine von ihnen bessere Kennzeichen
ihrer Wahrheit als die andere hat, noch sonst etwas, das
mich notwendig bestimmen könnte.

Aber während ich so diese wechselvolle und fratzenhafte
Vielfalt an Sitten und Glauben durch die Zeiten bedenke,
entdecke ich in einem Winkel der Erde ein eigentümliches
Volk, das, von allen andern Völkern geschieden, das älteste
von allen ist, und dessen Geschichte um Jahrhunderte weiter
als die Geschichte der ältesten Völker, die wir kennen,
zurückreicht.

Diesem großen und zahlreichen Volk begegne ich also, und
ich finde, daß es von einem einzigen Menschen abstammt,
daß es einen einzigen Gott anbetet und daß es sich nach
einem Gesetz richtet, von dem sie behaupten, daß sie es von
Gott erhielten. Sie unterstellen, daß sie die einzigen wären,
denen Gott seine Geheimnisse enthüllt hat, daß alle Menschen verderbt und in Gottes Ungnade seien, daß alle ihrem
eigenen Trieb und ihrer eignen Vernunft überantwortet
seien und daß sich daraus die sonderbaren Verirrungen und
der ewige Wechsel der Religionen und Sitten, der unter den
Menschen geschieht, herleiteten, während sie selber un-
erschütterlich in ihrem Verhalten blieben; und sie sagen,
daß auch Gott die andern Völker nicht ewig in dieser Finsternis lassen werde, daß ein Erlöser für alle kommen werde
und daß sie auf Erden seien, um ihn den Menschen zu kün-
den, und daß sie ausdrücklich geschaffen worden seien, um
den Vortrupp und Herold dieser gewaltigen Kunft zu bilden und um alle Völker aufzurufen, sich mit ihnen in der
Erwartung dieses Erlösers zu vereinen.

Die Begegnung mit diesem Volk verblüfft mich, und es
scheint mir der Beachtung würdig. Ich prüfe dieses Gesetz,
das sie sich schmeicheln von Gott erhalten zu haben, und ich
finde, daß es bewunderungswürdig ist. Es ist das älteste Gesetz von allen, so alt, daß sogar das Wort Gesetz bei den

Griechen erst etwa tausend Jahre später aufkam, nachdem
jene ihr Gesetz erhalten und ohne Unterbrechung beachtet
hatten. So finde ich es beachtlich, daß das älteste Gesetz
sich auch als das vollkommenste erweist, derart, daß die
größten Gesetzgeber ihre Gesetze von dem ihren entliehen
haben, was offenbar für das Gesetz der zwölf Tafeln der
Athener, das die Römer später übernommen haben, gilt,
und was leicht zu beweisen wäre, wenn Josephus und andere
nicht schon genug darüber gehandelt hätten. 619

189

Vorzüge der Juden. In dieser Untersuchung fesselt das jüdische Volk zunächst meine Aufmerksamkeit durch die
Menge des Wunderbaren und Einzigartigen, das dort Ereignis wurde.

Zunächst erkenne ich, daß es ein Volk ist, dessen Glieder
Brüder sind. Während alle andern Völker aus einer Unendlichkeit von Familien bestehen, stammt dies Volk, obgleich
es so überaus fruchtbar ist, von einem einzigen Menschen
ab; und da sie so alle eines Blutes und miteinander verwandt sind, bilden sie aus einer einzigen Familie einen
mächtigen Staat. Das ist einzigartig.

Diese Familie oder dies Volk ist das älteste, von dem Menschen wissen, was ihm, wie mir scheint, und besonders in der
Untersuchung, die wir hier vornehmen, eine besondere Verehrung sichert, da, wenn sich Gott immer den Menschen
mitgeteilt haben sollte, wir uns an sie halten müssen, wenn
wir die Überlieferung hiervon wissen wollen.

Dies Volk ist nicht nur beachtlich durch sein Alter, sondern
auch einzigartig durch seine Dauer, die von seinem Ursprung bis heute reicht. Denn während die Völker Griechenlands und Italiens, die Spartaner, Athener, Römer und alle
andern, die so viel später aufkamen, längst verfallen sind,

bestehen die Juden immer, und das obwohl, wie ihre Ge-
schichtsschreiber es bezeugen und wie man es auch nach dem
natürlichen Lauf der Dinge annehmen müßte, die Kriegs-
züge vieler mächtiger Könige sie hundertmal zu vernichten
versucht haben; trotzdem haben sie sich durch so lange
Zeitläufte immer erhalten (und das ist geweissagt worden).
Und da sich ihre Geschichte von den ältesten Zeiten bis zu
der letzten erstreckt, schließt sie in ihrer Ausdehnung jede
andere Geschichte ein (die sie alle zeitlich erheblich über-
trifft).

Das Gesetz, durch das dies Volk regiert wird, ist zugleich
das älteste und das vollkommenste Gesetz der Welt und das
einzige, das immer und ohne Unterbrechung in einem Staate
gültig war. Das führt Josephus vorzüglich aus gegen Apion
und an mehreren Stellen Philon der Jude, wo sie zeigen,
daß es so alt ist, daß sogar das Wort Gesetz erst mehr als
tausend Jahre später aufgekommen ist, da Homer, der die
Geschichte so vieler Staaten geschrieben hat, sich niemals
seiner bedient. Die Vollkommenheit dieses Gesetzes ist leicht
zu beurteilen, wenn man es nur liest, wobei man erkennen
wird, daß alle möglichen Fälle mit so viel Weisheit, so viel
Billigkeit, so viel Gerechtigkeit vorgesehen sind, daß die
ältesten griechischen und römischen Gesetzgeber, da sie eine
schwache Ahnung davon hatten, ihre wichtigsten Gesetze
ihm entnommen haben, was durch die augenscheinlich wird,
die man die Gesetze der zwölf Tafeln nennt, und durch andere Beweise, die Josephus dafür beibringt.

Aber gleichzeitig ist dies Gesetz in dem, was den Kultus
ihrer Religion angeht, das strengste und härteste von allen,
denn es zwingt dies Volk, um es in seinen Bann zu halten,
bei Todesstrafe zu tausend umständlichen und schwierigen
Beachtungen, so daß es äußerst überraschend ist, daß dies
Gesetz so beständig und durch so lange Jahrhunderte von
einem derartig aufrührerischen und ungeduldigen Volke be-

wahrt wurde, während alle andern Staaten von Zeit zu Zeit
ihre Gesetze änderten, obgleich sie sämtlich viel leichter gewesen sind.

Das Buch, das dieses Gesetz, das älteste von allen, bewahrt,
ist an sich das älteste Buch der Welt; die Bücher Homers,
Hesiods und die übrigen sind sechs oder sieben Jahrhunderte
jünger.   620

190

Das also sehe ich, und das erregt mich. Wohin ich auch
schaue, ich finde ringsum nur Dunkelheit. Nichts zeigt mir
die Natur, was nicht Anlaß des Zweifels und der Beunruhi-
gung wäre; fände ich gar nichts, was eine Gottheit zeigt,
würde ich mich zur Verneinung entscheiden; sähe ich überall
die Zeichen eines Schöpfers, so würde ich gläubig im Frieden ruhen. Da ich zu viel sehe, um zu leugnen, und zu
wenig, um gewiß zu sein, bin ich beklagenswert, und hundertmal wünschte ich, daß, wenn ein Gott die Natur erhält,
sie es unzweideutig zeigen möge oder daß, wenn die Zeichen, die sie von ihm weist, Trug sind, sie diese völlig vernichten möge; daß sie alles oder nichts zeige, damit ich
wisse, welcher Seite ich folgen soll, während ich in der
Seinslage, in der ich bin, in der ich nicht weiß, was ich bin,
noch was ich tun soll, weder meine Beschaffenheit noch
meine Pflicht kenne. Mein Herz wünscht von ganzer Seele zu
wissen, welches das wahre Gut ist, um ihm zu folgen, nichts
würde mir zu teuer für die Ewigkeit sein.

Neid spüre ich auf die, die ich so lässig im Glauben leben
sehe und so schlecht eine Gabe nützen, die ich völlig verschieden gebrauchen würde.   229

Auflösung der Schwierigkeiten: Die gefallene Natur des Menschen

191

In seiner Unschuld bestand die Würde des Menschen darin, die Geschöpfe zu nutzen und sie zu beherrschen; heute aber darin, sich davon zu lösen und sich darin zu unterwerfen.

486

192

Die wahre Natur des Menschen, sein wahres Heil, die wahre Tugend und die wahre Religion; das sind Dinge, deren Kenntnis untrennbar ist.

442

193

Kennzeichen der wahren Religion muß sein, daß sie dazu verpflichtet, ihren Gott zu lieben. Das ist nur gerecht, und doch hat es keine gefordert; unsere hat es getan. Ferner müßte sie von der Konkupiszenz und der Unfähigkeit [diese zu besiegen] wissen, unsere hat es getan. Sie hätte hierzu die Mittel beibringen müssen, eines ist das Gebet. Keine Religion hat Gott gebeten, daß man ihn liebe und ihm folge.

491

194

Nachdem die ganze Natur des Menschen verstanden ist. Wenn eine Religion wahr sein soll, muß sie unsere Natur kennen. Sie muß die Größe und die Kleinheit und den Grund von beiden erkannt haben. Wer hat ihn außer der christlichen gekannt?

433

195

Jede Religion ist falsch, die als Glauben nicht einen Gott als Urgrund aller Dinge verehrt und als Moral nicht einen einzigen Gott als Inhalt aller Dinge liebt.

487

196

Die Natur hat Vollkommenheiten, um zu zeigen, daß sie
das Bild Gottes ist, und Fehler, um zu zeigen, daß sie nur
das Bild ist.   580

197

Sehr blind ist man, wenn man sich selbst nicht als voll von
Dünkel, Ehrgeiz, Begierden, Schwäche, Elend und Ungerechtigkeit erkennt. Und wenn man, nachdem man dies erkannte, nicht wünscht, davon befreit zu werden. Was
könnte man von einem Menschen sagen . . . ?
Kann man anderes als Verehrung für eine Religion empfinden, die die Fehler des Menschen so genau kennt, und kann
man anderes wünschen, als daß eine Religion Wahrheit sei,
die so wünschenswerte Heilmittel verspricht?   450

198

Was mich angeht, so gestehe ich, daß, sobald die christliche
Religion diesen Grundsatz enthüllt, daß die Natur des Menschen verdorben und er von Gott verstoßen sei, die Augen
geöffnet sind, um die Zeichen dieser Wahrheit überall zu
sehen; denn die Natur ist derart, daß sie überall sowohl im
Menschen als außerhalb des Menschen auf einen verlorenen
Gott hinweist und auf eine verderbte Natur.   441

199

Wenn der Mensch nicht für Gott geschaffen wurde, warum
ist er dann nur in Gott glücklich? Wenn der Mensch für
Gott geschaffen wurde, weshalb ist er dann so im Widerspruch zu Gott?   438

200

Verderbte Natur. Der Mensch handelt nicht aus der Vernunft, die seine Wesenheit ist.   439

201

. . . Es ist aber unmöglich, daß Gott das Ziel sei, wenn er nicht der Urgrund ist. Man schaut nach oben, aber man stützt sich auf den Sand: und die Erde wird versinken, und stürzen wird man, während man zum Himmel schaute.   488

202

Die wahre Religion müßte Größe und Elend lehren, uns zur Achtung und zur Verachtung, zur Liebe und zum Haß leiten.   494

203

All diese Widersprüche, die mich am weitesten von einer Religion zu entfernen schienen, haben mich am raschesten zur wahren geführt.   424

Der Mensch in der Entscheidung: Die Wette

204

Ich fühle, daß ich nicht da sein könnte, denn das Ich besteht im Denken; also würde ich, der denkt, nicht da sein, wenn meine Mutter gestorben wäre, bevor ich beseelt war; also bin ich kein notwendiges Wesen. Ferner bin ich weder ewig noch unendlich; ich sehe aber ein, daß es in der Welt ein notwendiges, ewiges und unendliches Wesen gibt.   (469)

205

Unbegreifbar ist, daß Gott ist und unbegreifbar, daß er
nicht ist; daß die Seele dem Körper vereint ist und daß wir
keine Seele haben; daß die Welt geschaffen ist, daß sie es
nicht ist; daß es die Erbsünde gibt und daß es sie nicht gibt.

230

206

Die Hauptstärke des Skeptizismus — das Unwichtige lasse
ich fort — liegt darin, daß es keinerlei Gewißheit, den Glauben und die Offenbarung ausgenommen, für die Wahrheit
der Grundlagen gibt, soweit wir sie nicht natürlich in uns
fühlen. Das natürliche Gefühl aber ist kein überzeugender
Beweis ihrer Wahrheit, denn, abgesehen vom Glauben, gibt
es keinerlei Gewißheit, ob der Mensch von einem guten
Gott, von einem bösen Dämon oder vom Zufall geschaffen
wurde, und deshalb sind wir je nach dem, welches Herkommen wir annehmen, im Zweifel, ob die Grundlagen gestiftet,
ob sie wahr oder falsch oder ungewiß seien. Und das um so
mehr, als niemand, abgesehen vom Glauben, sicher ist, ob
er wacht oder schläft, da man weiß, daß man während des
Schlafes ebenso fest zu wachen meint, wie wir es tun, wenn
wir wach sind. Man glaubt Raum, Gestalten, Bewegung
wahrzunehmen, man spürt die Zeit verfließen, und man
mißt sie, und endlich handelt man, wie man im Wachen
handelt; so daß, wenn man die Hälfte des Lebens im Schlaf
verbringt, wo wir nach eignem Eingeständnis, trotz allem
gegenteiligen Anschein, keinerlei Vorstellung von der
Wahrheit haben, da hier all unsere Empfindungen Täuschung sind, niemand wissen kann, ob die andere Hälfte des
Lebens, wenn wir zu wachen meinen, nicht nur ein etwas
von dem andern verschiedener Schlummer ist, von dem wir
erwachen, wenn wir zu schlafen meinen.

(Und kann man zweifeln, daß, wenn man sich in Gesellschaft träumte und die Träume sich zufällig dem, was häufig
geschieht, anpaßten, man alles auf den Kopf gestellt glauben wird, wenn man beim Erwachen einsam ist? Und ist das
Leben nicht selbst nur ein Traum, da man oft träumt, daß
man träumt, und einen Traum auf den andern baut, nur ein
Traum, dem die andern aufgepfropft sind, aus dem wir im
Tode erwachen; ein Traum, in dem wir so wenig Kenntnis
über die Grundlagen des Wahren und Guten haben wie
während des natürlichen Schlafes: sind diese vielfältigen
Gedanken, die uns hier beschäftigen, vielleicht nur Täuschung, ähnlich dem Entfließen der Zeit und den trügerischen Schemen unserer Träume?)

Das sind die wichtigsten Argumente dieser und jener Seite.
Die unwichtigeren lasse ich fort, zum Beispiel, was die Skeptiker über den Einfluß der Gewohnheit, der Erziehung, der
Sitten des Landes zu sagen haben und ähnliches; Lehren,
denen gewiß die meisten Menschen anhängen, die nichts
tun als diese brüchigen Grundlagen zu dogmatisieren, die
aber dem geringsten skeptischen Anhauch nicht standhalten
können. Man braucht nur ihre Bücher einzusehen; wenn
man noch nicht genug überzeugt ist, so wird man es bald
sein und vielleicht zu sehr.

Ich wende mich der einzigen Feste der Dogmatiker zu, die
darin besteht, daß man, wenn man ehrlich und aufrichtig
spricht, nicht an den natürlichen Grundlagen zweifeln kann.
Dagegen setzen die Skeptiker mit einem Wort die Ungewißheit unseres Ursprungs, die die unserer Natur einschließt,
worauf die Dogmatiker, solange die Welt steht, zu erwidern haben.

Damit ist der Krieg zwischen den Menschen ausgebrochen,
in ihm muß jeder Partei nehmen und sich notwendig ein-
reihen, sei es bei den Dogmatikern, sei es bei den Skep-
tikern. Denn wer meint, er könne neutral bleiben, der ist

Skeptiker par excellence; diese Neutralität ist das Wesen
der Verschwörung; wer nicht gegen sie ist, der ist ausdrücklich für sie (worin ihr Vorteil besteht). Die Neutralen sind
nicht heraus; sie sind neutral, unbeteiligt, sie bleiben in
allem in der Schwebe, ohne sich auszunehmen.

Was wird der Mensch in solcher Lage tun? Wird er an allem
zweifeln? Zweifeln, ob er wacht, ob man ihn sticht, ob man
ihn brennt? Wird er zweifeln, ob er zweifelt, wird er zweifeln, ob er lebt? So weit kann man nicht gehen, und ich
stehe nicht an zu behaupten, daß es nie einen wirklichen
und vollkommenen Skeptiker gegeben hat. Die Natur hilft
der Unfähigkeit der Vernunft und hindert sie, sich so weit
zu verirren.

Wird er dann im Gegenteil sagen, er besitze die Wahrheit
gewiß, er, der, sobald man ihn anrührt, die Beute fahren
lassen muß und keinerlei Rechtstitel vorweisen kann?

Was für ein Hirngespinst ist dann der Mensch? Welche
Neuerung, was für ein Unbild, welche Wirrnis, was für ein
Ding des Widerspruchs, was für ein Wunder! Beurteiler von
allem, törichter Erdenwurm, Verwalter der Wahrheit,
Schlammfang der Ungewißheit und der Irrheit, Ruhm und
Auswurf des Universums. Wer wird diese Verwirrung ent-
wirren? Die Natur verwirrt die Skeptiker und die Vernunft
verwirrt die Dogmatiker. Was soll aus euch Menschen werden, die ihr durch eure natürliche Einsicht erkennen wollt,
was eure wirkliche Seinslage ist? Keine der Sekten könnt
ihr meiden, noch in einer bestehen.

Erkenne also, Hochmütiger, was für ein Widerspruch du dir
selbst bist. Demütige dich, unmächtige Vernunft, schweige
still, törichte Natur, begreife: der Mensch übersteigt unendlich den Menschen, und vernehme von deinem Herrn
deine wirkliche Lage, von der du nichts weißt. Höre auf
Gott.

Denn, wäre der Mensch nicht verderbt, so würde er sich

seiner Unschuld, der Wahrheit und Glückseligkeit in Gewißheit erfreuen; und wäre der Mensch seit je verderbt,
würde er keine Vorstellung, weder von der Wahrheit noch
von der Glückseligkeit haben. Aber so unglücklich sind
wir, und unglücklicher selbst, als wenn es Größe in unserer
Lage nie gegeben, daß wir eine Ahnung vom Glück haben
und nicht dahin gelangen können; wir fühlen ein Bild der
Wahrheit und besitzen nur Irrheit. Wir sind unfähig, wahrhaft nichts zu wissen und etwas gewiß zu wissen; so offensichtlich ist, daß wir an einer Vollkommenheit teilhatten,
aus der wir zu unserm Unglück verstoßen sind.
Das Erstaunlichste indessen ist, daß das Geheimnis, das
unser Begreifen am meisten übersteigt, das von der Ver-
erbung der Sünde, ein Ding ist, ohne das wir keine Kenntnis
von uns selbst haben können. Denn fraglos, nichts gibt es,
was unsere Vernunft mehr empört als die Aussage, daß die
Sünde des ersten Menschen alle die schuldig gemacht haben
solle, die, da sie so entfernt von diesem Ursprung sind,
unfähig zu sein scheinen, daran teilzuhaben. Diese Fortzeugung scheint uns nicht nur unmöglich, sondern im höchsten Maße sogar ungerecht, denn was könnte den Gesetzen
unserer elenden Gerechtigkeit mehr widersprechen, als daß
ein Kind, unfähig zur Willensäußerung, für eine Sünde
ewig verdammt ist, an der es so wenig teilzuhaben scheint
und die sechstausend Jahre vor seiner Geburt begangen
wurde? Fraglos, nichts erregt heftigeren Anstoß als diese
Lehre, und indessen sind wir uns selbst ohne dies unver-
ständlichste Mysterium unbegreifbar. In diesem Abgrund
findet das Band unserer Lage Einschlag und Knoten, so daß
der Mensch ohne dies Mysterium unbegreifbarer ist, als
dies Mysterium dem Menschen unbegreifbar ist.
Woraus deutlich wird, daß Gott, da er die Schwierigkeit
unseres Wesens für uns selbst unlösbar haben wollte, den
Knoten so hoch oder besser so tief verborgen hat, daß wir

unfähig sein sollen, dahin zu gelangen, derart, daß wir nicht durch hochmütige Anstrengungen der Vernunft uns wahrhaft kennen können, sondern nur durch schlichte Unterwerfung der Vernunft.

Diese Fundamente, die durch die unantastbare Autorität der Religion fest begründet sind, belehren uns, daß es zwei gleich unerschütterliche Wahrheiten des Glaubens gibt: erstens, daß der Mensch im Stande der Schöpfung oder der Gnade über alles in der ganzen Natur erhöht worden ist, geschaffen als Gott ähnlich und an seiner Göttlichkeit teilhabend; dann, daß er im Stande der Verderbtheit und der Sünde aus diesem Stande gestürzt und den Tieren ähnlich geworden ist.

Diese beiden Sätze sind gleich fest und sicher. Die Schrift sagt das ausdrücklich an vielen Stellen: Deliciae meae, esse cum filiis hominum[1]. Effundam spiritum meum super omnem carnem[2]. Dii estis, etc.[3] und, wie sie an anderen Stellen sagt: Omnis caro foenum[4]. Homo assimilatus est jumentis insipientibus, et similis factus est illis[5]. Dixi in corde meo de filiis hominum, Ecc. III[6].

Woraus deutlich wird, daß der Mensch durch die Gnade wie Gott ähnlich und teilhabend an seiner Göttlichkeit geschaffen wurde, und daß er ohne die Gnade als den wilden Tieren ähnlich anzusehen ist.   434

---

[1] Und meine Lust ist bei den Menschenkindern, Sprüche Salomo VIII, 31.

[2] Ich will meinen Geist auf deinen Samen gießen, Jes. XL.

[3] Ihr seid Götter, Psalm LXXXII, 6.

[4] Alles Fleisch ist Heu, Jes. XL, 6—8.

[5] Der Mensch ist dem dummen Vieh ähnlich gemacht worden und ihm ähnlich geworden, Psalm XLIX, 13—14.

[6] Ich sprach in meinem Herzen von den Menschenkindern, Pred. Sal. III, 18.

207

Was konnten die Menschen ohne diese göttliche Erkenntnis tun, als sich entweder in dem innern Gefühl, das ihnen von ihrer vergangenen Größe bleibt, zu überheben oder sich in der Schau ihrer gegenwärtigen Schwäche zu erniedrigen. Denn da sie nicht die ganze Wahrheit schauten, konnten sie zu vollkommener Tugend nicht gelangen. Da den einen die Natur unverletzt, den andern unheilbar erschien, konnten sie dem Dünkel und der Trägheit, die die beiden Quellen aller Laster sind, nicht entgehen, da sie nicht anders können, als sich ihnen entweder aus Feigheit zu überlassen oder aus Hochmut zu entziehen. Denn soweit sie die Auszeichnung des Menschen kannten, wußten sie nichts von der Verderbnis, so daß sie wohl die Trägheit mieden, sich aber an die Hoffart verloren; kannten sie aber die Verletzung der Natur, dann wußten sie nichts von der Würde: so daß sie wohl die Eitelkeit vermeiden konnten, aber das bedeutete, daß sie sich in die Verzweiflung stürzten. Dem entstammen die verschiedenen Schulen, die der Stoiker und der Epikureer, die der Dogmatiker und der Akademie usw. Einzig die christliche Religion hat beide Laster heilen können, nicht dadurch, daß sie das eine durch das andere, durch irdische Weisheit, vertrieb, sondern dadurch, daß sie das eine und das andere durch die Einfalt des Evangeliums vertrieb. Denn es lehrt die Gerechten, die es bis zur Teilnahme an der Gottheit selbst erhöht, daß sie noch in dieser höchsten Seinslage den Quellgrund aller Verderbnis in sich tragen, wodurch sie ihr Leben lang dem Irrtum, dem Elend, dem Tod, der Sünde ausgeliefert sind, und es ruft den Gottlosesten zu, daß sie der Gnade ihres Erlösers fähig seien. Da sie also die, die sie rechtfertigt, erheben läßt und Trost denen gibt, die sie verdammt, mildert sie in höchster Gerechtigkeit die Furcht durch die Hoffnung, durch das doppelte Vermögen, das zur Gnade und das zur Sünde, das ein jeder besitzt. Also erniedrigt sie unendlich viel tiefer, als die Vernunft allein es vermöchte, ohne dabei zur Verzweiflung zu führen, und sie erhebt unendlich viel höher, ohne den Menschen in Stolz zu blähen, als dem Dünkel der Natur möglich ist. Und darin macht sie deutlich, daß es ihr, da sie als einziges frei von Laster und Irrtum ist, zukomme, die Menschen sowohl zu lehren als zu leiten.

Wer könnte dieser himmlischen Erleuchtung Glauben und Verehrung weigern? Denn ist es nicht klarer als der Tag, daß wir in uns die untilgbaren Spuren der Größe fühlen? Und ist es nicht ebenso wahr, daß wir stündlich die Wirkungen unserer beklagenswerten Seinslage erweisen? Wovon klagt diese Wirrnis und diese furchtbare Verwirrung so gewaltig, daß es unmöglich ist, diese Stimme zu überhören, wenn nicht von der Wirklichkeit dieser doppelten Seinslage?

435

208

Das ewige Wesen ist immer, wenn es einmal ist. 559b

209

Die Erbsünde ist für die Menschen Torheit, aber man nennt sie auch so; ihr solltet mir also nicht vorwerfen, daß diese Lehre gegen die Vernunft verstoße, da ich von ihr sage, daß sie ohne Vernunft sei. Diese Torheit aber ist weiser als alle Weisheit der Menschen, sapientius est hominibus[1]; denn was würde man sonst lehren, daß der Mensch sei? Von diesem unfaßbaren Punkt hängt seine ganze Seinslage ab. Und wie sollte der Mensch das mit seinem Verstand einsehen, da es gegen die Vernunft ist und da sich sein Ver-

---

[1] (Denn die göttliche Torheit ist) weiser, denn die Menschen sind, 1. Kor. I, 25.

stand davon entfernt, sobald man es ihm vorlegt, statt ihm
auf seinen Wegen näherzukommen.   445

210

Da die Menschen ungewohnt sind, das Verdienst zu leben,
sondern nur gewohnt, es zu belohnen, wo sie es gelebt finden, urteilen sie über Gott wie von sich selbst.   490

211

Unendlich — Nichts. Unsere Seele ist in den Körper gestoßen, wo sie Zahl, Zeit, räumliche Ausdehnungen vor-
findet; sie denkt darüber nach und nennt das Natur, Notwendigkeit, und sie kann nichts anderes glauben.
Die Eins, dem Unendlichen hinzugefügt, vermehrt es um
nichts, nicht mehr als ein Fuß einen unendlichen Maßstab;
das Endliche vernichtet sich in Gegenwart des Unendlichen,
es wird ein reines Nichts. So unser Geist vor Gott, so unsere
Gerechtigkeit vor der göttlichen Gerechtigkeit. Zwischen
unserer Gerechtigkeit und der Gottes ist das Mißverhältnis
nicht so groß wie zwischen der Eins und dem Unendlichen.
Die Gerechtigkeit Gottes muß über alle Maßen groß sein
wie seine Barmherzigkeit; nun, die Gerechtigkeit, die den
Verdammten wird, ist weniger über alle Maßen groß, und
sie sollte uns weniger befremden als die Barmherzigkeit
gegen die Erlösten.
Wir wissen, daß es ein Unendliches gibt, aber wir sind
unwissend über sein Wesen; da wir etwa wissen, daß es
falsch ist, daß die Zahlen endlich sind, ist es folglich wahr,
daß es ein Unendliches der Zahl gibt, aber wir wissen nicht,
was dies ist. Es ist falsch, daß sie gerade ist, es ist falsch,
daß sie ungerade ist, denn sie ändert sich nicht, wenn wir
die Eins hinzufügen; trotzdem ist sie eine Zahl, und jede

Zahl ist gerade oder ungerade. Was natürlich nur für endliche Zahlen gilt.

Also kann man sehr wohl begreifen, daß es einen Gott gibt,
ohne zu wissen, was er ist.

Gibt es dann keinerlei wesenhafte Wahrheit, wenn wir so
viele wahre Dinge sehen, die keineswegs die Wahrheit
selbst sind?

Nun, wir kennen das Dasein und das Wesen des Endlichen,
weil wir wie dieses endlich und ausgedehnt sind. Wir kennen das Dasein des Unendlichen, aber wir wissen nicht, was
es ist, weil es ausgedehnt ist wie wir, aber keine Grenzen
hat wie wir. Aber wir kennen weder das Dasein noch das
Wesen Gottes, weil er weder Ausdehnung noch Grenzen hat.
Durch den Glauben aber wissen wir von seinem Dasein;
und in der Seligkeit werden wir sein Wesen kennen. Nun,
ich zeigte bereits, daß man sehr wohl das Dasein eines
Dinges kennen könne, ohne sein Wesen zu kennen.

Sprechen wir nunmehr in der Art der Einsichten, die unserer
Natur möglich sind.

Wenn es einen Gott gibt, ist er unendlich unbegreifbar;
da er weder Teile noch Grenzen hat, besteht zwischen ihm
und uns keine Gemeinsamkeit. Also sind wir unfähig zu
wissen, was er ist, noch ob er ist. Und wer würde, da das
so ist, wagen, diese Frage lösen zu wollen? Wir, die wir
keine Gemeinsamkeit mit ihm haben, jedenfalls nicht.

Wer also wird die Christen tadeln, wenn sie keinen Beweis
ihres Glaubens erbringen können, sie, die einen Glauben
bekennen, den sie nicht beweisen können? Sie erklären,
wenn sie ihn der Welt darlegen, daß er ein Ärgernis der
Vernunft sei, stultitiam; und da beklagen Sie sich darüber,
daß sie ihn nicht beweisen! Bewiesen sie ihn, so hielten sie
nicht Wort: grade da ihnen Beweise fehlen, fehlt ihnen nicht
der Sinn. — „Zugegeben, das mag die entschuldigen, die ihn
derart lehren, und sie von dem Vorwurf entlasten, keine

Gründe aufzuführen, es entschuldigt nicht die, die ihn ohne Beweise annehmen." — Prüfen wir das also, nehmen wir an: Gott ist oder er ist nicht. Wofür werden wir uns entscheiden? Die Vernunft kann hier nichts bestimmen: ein unendliches Chaos trennt uns. Am äußersten Rand dieser unendlichen Entfernung spielt man ein Spiel, wo Kreuz oder Schrift fallen werden. Worauf wollen sie setzen. Aus Gründen der Vernunft können sie weder dies noch jenes tun, aus Gründen der Vernunft können sie weder dies noch jenes abtun. Zeihen Sie also nicht die des Irrtums, die eine Wahl getroffen, denn hier ist nichts zu wissen. — „Nein, aber ich werde sie tadeln, gewählt zu haben, nicht diese Wahl, sondern eine Wahl, denn mögen auch beide, der, der Kreuz wählte, und der andere den gleichen Fehler begehen, so sind doch beide im Irrtum, richtig ist, überhaupt nicht auf eines zu setzen."

Ja, aber man muß auf eines setzen, darin ist man nicht frei, Sie sind mit im Boot. Was werden Sie also wählen? Sehen wir also zu, da man wählen muß, wobei Sie am wenigsten wagen? Zwei Dinge haben Sie zu verlieren: Die Wahrheit und das höchste Gut; und zwei Dinge haben Sie einzubringen: Ihre Vernunft und Ihren Willen, Ihr Wissen und Ihre Seligkeit, und zweierlei haben Sie von Natur zu meiden; den Irrtum und das Elend. Ihre Vernunft ist nicht mehr betroffen, wenn sie sich für das eine oder das andere entscheidet, da man sich mit Notwendigkeit entscheiden muß. Das ist ausgemacht, wie ist es dann mit Ihrer Seligkeit? Wägen wir Gewinn und Verlust für den Fall, daß wir auf Kreuz setzen, daß Gott ist. Schätzen wir diese beiden Möglichkeiten ab. Wenn Sie gewinnen, gewinnen Sie alles, wenn Sie verlieren, verlieren Sie nichts. Setzen Sie also, ohne zu zögern, darauf, daß er ist. — „Das ist wunderbar. Gewiß, ich muß setzen, aber vielleicht setze ich zu viel." — Nun, sehen wir zu. Da die Wahrscheinlichkeit für Gewinn und Verlust gleich groß ist, könnte man den Einsatz noch

wagen, wenn es nur zwei für ein Leben zu gewinnen gibt.
Gibt es aber drei zu gewinnen, dann muß man, denn Sie
sind ja gezwungen zu setzen, das Spiel annehmen; Sie
würden unklug handeln, wenn Sie, da Sie einmal spielen
müssen, Ihr Leben nicht einsetzen wollten, um es dreifach
in einem Spiel zu gewinnen, wo die Chance für Gewinn
und Verlust gleich groß ist. Es gibt aber eine Ewigkeit an
Leben und Glück zu gewinnen; und da das so ist, würden
Sie, wenn unter einer Unendlichkeit von Fällen nur ein
Gewinn für Sie im Spiel läge, noch recht haben, eins gegen
zwei zu setzen, und Sie würden falsch handeln, wenn Sie
sich, da Sie notwendig spielen müssen, weigern wollten,
wenn es unendliche und unendlich glückliche Leben zu
gewinnen gibt, ein Leben für drei in einem Spiel zu wagen,
wo es für Sie unter einer Unendlichkeit von Fällen einen
Gewinn gibt. Es gibt aber hier unendlich viele, unendlich
glückliche Leben zu gewinnen, die Wahrscheinlichkeit des
Gewinns steht einer endlichen Zahl der Wahrscheinlichkeit
des Verlustes gegenüber, und was sie ins Spiel einbringen,
ist endlich. Das hebt jede Teilung auf: Überall, wo das
Unendliche ist und keine unendlich große Wahrscheinlichkeit des Verlustes der des Gewinns gegenübersteht, gibt es
nichts abzuwägen, muß man alles bringen. Und so, wenn
man notwendig setzen muß, hieße es, auf die Vernunft
verzichten, wollte man das Leben lieber bewahren, statt es
so dicht vor dem Erfahren des Verlustes, des Nichts, für
den unendlichen Gewinn zu wagen.

Denn es ist nutzlos zu sagen, es sei ungewiß, ob man gewinnen würde, und gewiß sei, daß man wage und daß die
Unendlichkeit zwischen dem, dem man sich gewiß aussetzt,
und dem, was man ungewiß gewinnen wird, das endliche
Gut, das man sicher einbringt, dem Unendlichen, das ungewiß sei, angleiche. Das ist nicht richtig: jeder Spieler wagt
mit Gewißheit, um ungewiß zu gewinnen, und trotzdem

wagt er, ohne gegen die Vernunft zu verstoßen, sicher das
Endliche, um unsicher Endliches zu gewinnen. Es besteht
kein unendlicher Abstand zwischen der Gewißheit dessen,
dem man sich aussetzt, und der Ungewißheit des Gewinns.
Das ist falsch. Es gibt in Wirklichkeit Unendlichkeit zwischen der Gewißheit, zu gewinnen, und der Gewißheit, zu
verlieren. Aber die Ungewißheit des Gewinns ist gemäß der
Ziffer der Wahrscheinlichkeit für Gewinn und Verlust der
Gewißheit dessen, was man wagt, angemessen; und das ist
der Grund, daß, wenn die Wahrscheinlichkeit auf beiden
Seiten gleich ist, das Spiel gleich gegen gleich steht; also
die Gewißheit dessen, dem man sich aussetzt, ist gleich der
Ungewißheit des Gewinns: weit entfernt davon, unendlich
zu sein. Und so ist unsere Darlegung, bei gleicher Chance
für Gewinn und Verlust, von unendlicher Überzeugungs-
kraft, wenn Endliches in einem Spiel zu wagen und das
Unendliche zu gewinnen ist. — Das ist einleuchtend; und
falls Menschen irgendeine Wahrheit einsehen können, diese
gehört dazu. — „Zugegeben, das räume ich ein. Aber gibt
es weiter kein Mittel, hinter das Spiel zu schauen?" —
Doch die Schrift und das Übrige, usw.
„Gewiß, aber meine Hände sind gefesselt, und der Mund
ist stumm; man zwingt mich zu setzen, und ich bin nicht
frei; man läßt mich nicht aus, und ich bin aus solchem
Stoff, daß ich nicht glauben kann. Was soll ich tun?"
Das ist wahr (Sie können nicht glauben). Aber lernen Sie
wenigstens — da Ihre Vernunft Sie bis dahin bringt —, daß
Ihre Unfähigkeit zu glauben, und der Fehler, daß Sie es,
trotzdem Sie davon wissen, nicht vermögen (nicht dem
Mangel der Beweise, sondern Ihren Leidenschaften ent-
stammen). Bemühen Sie sich also, sich nicht etwa durch eine
Vermehrung der Gottesbeweise zu bekehren, sondern durch
eine Verminderung der Leidenschaften. Sie möchten zum
Glauben gelangen, und Sie kennen nicht den Weg dahin?

Sie möchten vom Unglauben geheilt werden, und Sie bitten um die Arzenei? Lernen Sie von denen, die in Ihrer Lage waren und die jetzt ihr ganzes Gut eingesetzt haben; das sind Menschen, die diesen Weg kennen, den Sie gehen möchten, die von dem Übel genesen sind, von dem Sie genesen möchten. Handeln Sie so, wie diese begonnen haben: nämlich alles zu tun, als ob Sie gläubig wären, Weihwasser zu benutzen und Messen lesen zu lassen usf. Ganz natürlich wird Sie das sogar glauben machen und verdummen. „Das aber fürchte ich ja grade." — Und weshalb, was haben Sie zu verlieren?

Um Ihnen aber zu beweisen, daß Sie dadurch dorthin gelangen, daß das die Leidenschaften mindern wird, die Ihre großen Hindernisse sind, usw.

Ende dieser Rede. — Nun, was könnte Ihnen Schlimmes geschehen, wenn Sie diesen Entschluß fassen? Sie werden treu, rechtschaffen, demütig, dankbar, wohltätig, Freund, aufrichtig, wahrheitsliebend sein. Allerdings die verderblichen Vergnügungen, Ruhm, Genüsse werden Sie nicht haben, aber werden Sie nicht anderes dafür haben? Ich sage Ihnen, Sie werden dabei in diesem Leben gewinnen und mit jedem Schritt, den Sie auf diesem Wege tun, immer mehr die Gewißheit des Gewinnes und die Nichtigkeit des Einsatzes erkennen, so daß Sie endlich begreifen, daß Sie auf eine unendlich sichere Sache setzten und daß Sie nichts dafür gegeben haben.

„Oh, diese Rede reißt mich fort, entzückt mich, usw. usw."

Wenn Ihnen meine Worte gefallen, stark dünken, wisset, sie schrieb ein Mensch, der vorher und nachher auf den Knien lag, um zu dem Wesen, das unendlich und ohne Teile ist, dem er alles überantwortete, zu beten, daß er auch Sie zu Ihrem eignen Nutzen und ihm zum Ruhme unterwerfen möge und daß sich so die Macht dieser Niedrigkeit verbünde.

233

212

Wenn man sich nur um Sicheres bemühen dürfte, dürfte
man sich nicht um die Religion bemühen; denn sie ist nicht
sicher. Aber wieviel Dinge unternimmt man, die ungewiß
sind, Reisen über See, Schlachten, die man kämpft. Deshalb
meine ich, daß man gar nichts tun dürfte, denn nichts ist
sicher; und daß es größere Sicherheit in der Religion gibt
als darin, daß wir den morgigen Tag sehen werden: denn
es ist nicht gewiß, daß wir den morgigen Tag sehen werden,
aber es ist sicher möglich, daß wir ihn nicht sehen werden.
So weit kann man bei der Religion nicht gehen. Es ist nicht
sicher, daß sie Wahrheit ist; aber wer würde zu sagen wagen,
es sei sicher möglich, daß sie es nicht ist? Nun, man handelt vernünftig, wenn man für den morgigen Tag und für
das Ungewisse arbeitet; denn man handelt, wie an Hand
der Regel der Teilung nachgewiesen wurde, vernünftig, sich
um das Ungewisse zu bemühen.

Augustinus erkannte, daß man auf Seefahrten und in
Schlachten sich um Unsicheres bemüht, aber er hat nicht
die Regel der Teilung gekannt, aus der folgt, daß man es
tun muß. Montaigne bemerkte, daß uns ein Hinkender im
Geiste ärgert und daß die Gewohnheit alles macht, aber er
hat nicht die Ursache dieser Wirkungen erkannt.

Sie haben alle die Wirkungen bemerkt, aber nicht die Ursachen gesehen; sie verhalten sich zu denen, die die Ursachen entdeckt haben, wie sich Menschen, die nur erst
Augen hätten, zu Menschen verhalten würden, die Geist
besitzen; denn die Wirkungen sind gewissermaßen den
Sinnen, die Ursachen allein dem Geiste erkennbar. Und obgleich diese Wirkungen sich nur mit dem Geiste einsehen
lassen, ist dieser Geist doch im Vergleich zu dem, der die
Ursachen erkennt, den körperlichen Sinnen entsprechend,
wenn wir diese mit dem Geist vergleichen. 234

213

Einwurf. Die, die ihr Heil erhoffen, sind darin glücklich, aber sie haben als Gegengewicht die Furcht vor der Hölle. *Antwort.* Wer hat die Hölle mehr zu fürchten, der, der nicht weiß, daß es eine Hölle gibt, und gewiß ist, verdammt zu werden, wenn es sie gibt; oder der, welcher der festen Überzeugung ist, daß es sie gibt, und der hofft, erlöst zu werden, wenn es sie gibt?   239

214

. . . Ich würde gern von den Vergnügungen lassen, sagen Sie, wenn ich glauben würde. — Und ich, ich antworte Ihnen, Sie werden sofort glauben, wenn Sie die Vergnügungen aufgegeben haben. — Nun, an Ihnen ist es, zu beginnen. Könnte ich es, würde ich Ihnen den Glauben schaffen, ich kann es nicht, ebensowenig, wie ich die Wahrheit dessen, was Sie sagen, erproben kann. Sie aber können wohl die Vergnügungen aufgeben und erproben, ob das, was ich sagte, wahr ist.   240

215

Anordnung. Ich würde mich eher fürchten, mich getäuscht zu haben und zu erfahren, daß die christliche Religion Wahrheit ist, als mich nicht getäuscht zu haben, als ich sie für wahr glaubte.   241

216

Unterwerfung. Man muß zu zweifeln verstehen, wo es notwendig ist, sich Gewißheit verschaffen, wo es notwendig ist, und sich unterwerfen, wo es notwendig ist. Wer nicht so handelt, mißachtet die Kraft des Verstandes. Es gibt Menschen, die gegen diese drei Grundforderungen verstoßen, die entweder behaupten, alles sei beweisbar, weil sie nichts

vom Beweisen verstehen, oder alles bezweifeln, weil sie
nicht wissen, wo man sich unterwerfen muß, oder sich in
allen Fällen unterwerfen, weil sie nicht wissen, wo man
urteilen muß.   268

217

Unterwerfung und Anwendung der Vernunft: — darin besteht das wahre Christentum.   269

218

Nichts ist der Vernunft so angemessen wie dieses Nicht-
anerkennen der Vernunft.   272

219

Die letzte Schlußfolgerung der Vernunft ist, daß sie einsieht, daß es eine Unzahl von Dingen gibt, die ihr Fassungsvermögen übersteigen; sie ist nur schwach, wenn sie nicht
bis zu dieser Einsicht gelangt.
Was wird man von den übernatürlichen Dingen sagen,
wenn schon die Dinge der Natur ihr Fassungsvermögen
übersteigen?   267

220

Abergläubisch ist es, seine Hoffnung in die äußeren Formen
zu verlegen; aber hochmütig ist es, sich ihnen nicht unterwerfen zu wollen.   249

221

Notwendig muß sich das Äußerliche dem Innern vereinen,
damit man Gott erlange, d. h. daß man sich hinknie, mit
den Lippen bete usw., damit der stolze Mensch, der sich
Gott nicht unterwerfen wollte, hier der Kreatur untertan
sei. Aus diesem Äußerlichen Hilfe zu erwarten, ist Aber-

glauben; es nicht der innerlichen Hingabe vereinen zu wollen, ist Hochmut.   250

222

Denn man darf sich nicht täuschen: wir sind ebensosehr Automat wie Geist, deshalb ist das Mittel zu überzeugen nicht allein der Beweis. Wie wenig bewiesene Dinge gibt es! Die Beweise überzeugen nur die Vernunft; die Gewohnheit macht unsere Beweise stärker und deutlicher, sie stimmt den Automaten, der den Geist, ohne daß er es merkt, mit sich zieht. Wer hat bewiesen, daß morgen Tag sein wird und daß wir sterben werden, und was wäre handgreiflicher? Folglich ist es die Gewohnheit, die davon überzeugt, sie macht so viele zu Christen, sie macht zu Türken, Heiden, die Berufe, Soldaten usw. (Es ist der Glaube, den sie in der Taufe empfangen, den die Christen den Heiden voraushaben.) Also muß man, wenn der Geist einmal einsah, wo die Wahrheit ist, auf die Gewohnheit zurückgehen, um uns von dem Glauben, der uns ständig entschlüpft, färben und grundieren zu lassen, denn es ist zu schwierig, die Beweise immer gegenwärtig zu haben. Man muß einen leichteren Glauben haben, und das ist der, der in die Gewohnheit eingeht, der uns zwanglos, kunstlos, ohne Beweise glauben läßt und unsere ganze Vernunft unter diesen Glauben beugt, so daß unsere Seele ihm völlig natürlich zufällt. Es genügt nicht, wenn man nur gläubig durch die Kraft der Überzeugung ist, und wenn der Automat die Neigung hat, das Gegenteil zu glauben. Folglich muß man beide Teile glauben machen: den Geist durch die Gründe, die man nur einmal im Leben eingesehn zu haben braucht, und den Automaten durch die Gewohnheit und dadurch, daß man ihm nicht gestattet, sich dem Gegenteil zuzuwenden. Inclina cor meum, Deus[1].

---

[1] Neige mein Herz, o Gott, Psalm CXIX, 36.

Die Vernunft handelt langsam, nach so vielen Gesichts-
punkten, so vielen Grundsätzen, die immer gegenwärtig sein
müßten, so daß sie, da sie nicht immer alle Grundsätze
gegenwärtig hat, müde wird und sich verirrt. Das Gefühl
handelt anders: es handelt im Augenblick und ist immer
bereit zu handeln. Folglich muß man den Glauben im Gefühl
verankern, sonst wird er immer schwankend sein.   252

223

Es gibt einen umfassenden und wesentlichen Unterschied
zwischen den Handlungen des Willens und allen übrigen.
Der Wille ist einer der wichtigsten Mittler des Glaubens;
nicht daß er den Glauben bilde, sondern weil die Dinge, je
nach der Seite, von der man sie betrachtet, wahr oder falsch
sind. Der Wille, der mehr Lust an der einen als an der
andern Seite hat, hindert den Geist, das zu bedenken, was
er nicht mag; und so verweilt der Geist, wenn er seine
Straße mit dem Willen geht, beim Betrachten der Ansicht,
die dieser liebt, und er urteilt nach dem, was er hier sieht.

99

224

M. de Roannez sagte: Die Gründe finde ich nachher; zuerst
gefällt mir etwas oder es stößt mich ab, ohne daß ich den
Grund wüßte, und indessen stößt es mich aus eben dem
Grund ab, den ich erst nachher entdecke. — Ich glaube aber,
es war nicht abstoßend aus den Gründen, die man nachher
findet, sondern man findet die Gründe nur, weil es abstoßend war.   276

225

Der Glaube lehrt wohl, was die Sinne nicht lehren, aber
niemals das Gegenteil dessen, was diese sehen. Er ist darüber, aber nicht entgegen.   265

Die Vernunft des Herzens

226

Unsere ganze Fähigkeit zu urteilen, löst sich rückführend im Gefühl auf.
Die Phantasie ist aber dem Gefühl ähnlich und entgegengesetzt, so daß man diese Gegensätze nicht unterscheiden kann. Einer sagt, mein Gefühl ist Phantasie, der andere, seine Phantasie sei Gefühl. Man müßte eine Richtschnur haben. Die Vernunft bietet sich an, aber sie ist nach jeder Richtung zu biegen, also gibt es keine.   274

227

Oft halten die Menschen ihre Einbildung für ihr Herz, und sie glauben, bekehrt zu sein, wenn sie nur daran denken, sich zu bekehren.   275

228

Wie weit ist es von der Erkenntnis Gottes bis dahin, ihn zu lieben!   280

229

Das Herz hat seine Gründe, die die Vernunft nicht kennt, das erfährt man in tausend Fällen. Ich behaupte, daß das Herz von Natur das allumfassende Wesen und sich selbst natürlich liebt, je nachdem, wem es sich hingibt, und es verschließt sich gegen den einen oder den andern, je wie es wählte. Den einen habt ihr abgewiesen, den andern bewahrt; ist die Vernunft der Grund, daß ihr euch selbst liebt?
                277

230

Wir erkennen die Wahrheit nicht nur durch die Vernunft, sondern auch durch das Herz; in der Weise des letzteren kennen wir die ersten Prinzipien, und vergeblich ist es, daß die urteilende Vernunft, die hieran nicht beteiligt ist, sie zu bekämpfen versucht. Vergeblich bemühen sich die Skeptiker, die keinen andern Gegenstand haben. Wir wissen, daß wir nicht träumen, wie unfähig wir auch immer sein mögen, das durch Vernunftgründe zu beweisen. Diese Unfähigkeit läßt nur auf die Schwäche unserer Vernunft, aber nicht, wie sie vorgeben, auf die Ungewißheit all unserer Kenntnisse schließen. Denn die Erkenntnis der ersten Prinzipien, z. B.: es gibt Raum, Zeit, Bewegung, Zahlen ist ebenso gewiß wie irgendeine, die uns die urteilende Vernunft vermittelt. Und es ist dieses Wissen des Herzens und des Instinkts, auf das sich die Vernunft stützen muß, auf das sie alle Ableitungen gründet. Das Herz spürt, daß es drei Dimensionen im Raum gibt und daß die Zahlen unendlich sind, während die Vernunft nachher beweist, daß es nicht zwei Quadratzahlen gibt, von denen die eine das Doppelte der andern ist. Die Prinzipien lassen sich erfühlen, die Lehrsätze lassen sich erschließen, und beides mit Sicherheit, obgleich auf verschiedene Weise. Es ist ebenso unnütz wie lächerlich, wenn die Vernunft, um zuzustimmen, vom Herzen Beweise für seine ersten Prinzipien verlangt, wie es lächerlich sein würde, wenn das Herz von der Vernunft, um allen Lehrsätzen, die sie beweist, zuzustimmen, ein Gefühl fordern würde. Diese Unfähigkeit hat folglich nur den Zweck, die Vernunft zu demütigen, die über alles urteilen möchte, nicht aber den, unsere Gewißheit zu erschüttern. So, als wäre nur die Vernunft fähig, uns zu belehren! Gefiele es Gott, daß wir sie im Gegenteil niemals nötig hätten und alle Dinge instinktiv und durch das Gefühl

erkennten. Die Natur aber hat uns dies Vermögen verweigert, im Gegenteil, sie hat uns nur wenige Erkenntnisse
dieser Art geschenkt; alle andern können nur durch die
Vernunft erworben werden. Und deshalb sind die, denen
Gott den Glauben als Gefühl des Herzens gegeben hat, sehr
glücklich und völlig rechtmäßig überzeugt. Denen aber, die
es nicht haben, können wir ihn nur durch Überlegung vermitteln, und darauf wartend, daß Gott ihnen den Glauben
als Gefühl des Herzens geben wird, denn sonst ist er nur
menschlich und ohne Nutzen für das Heil.   282

231

Es ist das Herz, das Gott spürt, und nicht die Vernunft.
Das ist der Glaube: Gott spürbar im Herzen und nicht der
Vernunft.   278

Das ist die Seinslage des Menschen heute

232

Für P. R. *(Beginn, nachdem die Unbegreiflichkeit erklärt
worden ist.)* Dermaßen sind Größe und Elend des Menschen
offenbar, daß uns die wahre Religion notwendig zu lehren
hat, es gebe im Menschen sowohl irgendeinen mächtigen
Grund der Größe, als auch, es gebe einen mächtigen Grund
des Elends. Diesen erstaunlichen Widerspruch hat sie uns
außerdem zu deuten.
Um den Menschen glücklich zu machen, muß sie zeigen, daß
es einen Gott gibt, daß man ihn notwendig lieben muß; daß
unsere wahre Glückseligkeit ist, ihm vereint, und unser
einzigstes Übel, von ihm getrennt zu sein; muß sie erkannt
haben, daß wir voll der Finsternisse sind, die uns sowohl
hindern, ihn zu erkennen, als auch, ihn zu lieben, und daß

wir so voll von Sünden sind, weil unsere Pflicht von uns
fordert, Gott zu lieben, und unsere bösen Gelüste, uns von
ihm abwenden. Notwendig muß sie den Gegensatz deuten,
in dem wir Gott gegenüber und unserm Heil gegenüber
leben. Sie muß uns Kenntnis geben von den Heilmitteln
gegen unsere Unvermögen und uns das Mittel lehren, diese
Heilmittel zu erlangen. Daran prüfe man alle Religionen
der Welt, und man schaue, ob es eine andere als die christliche gibt, die hierin befriedigt.

Können das die Philosophen, die uns als ganzes Gut das
anbieten, was wir in uns besitzen? Ist dort das höchste Gut?
Fanden sie ein Mittel gegen unsere Leiden? Heißt das, den
Menschen vom Dünkel heilen, wenn man ihn Gott gleich-
macht? Haben die, die uns zu Tieren machten, oder die
Mohammedaner, die uns als Höchstes auch noch in der
Ewigkeit die irdische Lust angeboten, uns ein Heilmittel
gegen unsere bösen Begierden verschafft? Welche Religion
wird uns dann lehren, vom Dünkel und der Konkupiszenz
zu genesen? Welche Religion schließlich wird uns über unser
Gut, über unsere Pflichten und die Schwächen, die uns von
ihnen abbringen, und über die Ursache dieser Schwächen
belehren und über die Mittel, sie zu heilen, und über das
Mittel, dieses Mittel zu erlangen?

Keine der andern Religionen hat das vermocht. Hören wir,
was die Weisheit Gottes sagt:

Sie sagt: „Erwartet weder Wahrheit noch Trost von Menschen. Ich bin es, die euch geschaffen hat und die allein euch
lehren kann, wer ihr seid. Jetzt aber seid ihr nicht mehr in
der Seinslage, in der ich euch geschaffen habe. Ich habe den
Menschen heilig, unschuldig und vollkommen erschaffen, ich
erleuchtete ihn und gab ihm Vernunft, ich ließ ihn teilhaben
an meiner Herrlichkeit und meinen Wundern. Damals
schaute das Auge des Menschen den Glanz Gottes. Damals
war er nicht in den Finsternissen, die ihn mit Blindheit

geschlagen, noch war er Beute der Sterblichkeit und der
Nöte, die ihn quälen. Er aber konnte so viel an Herrlichkeit nicht ertragen, ohne in Anmaßung zu verfallen. Er
wollte sich selbst zum Mittelpunkt und von meiner Gnade
unabhängig machen. Er hat sich mir entzogen; und da er
sich mir in dem Wunsch, die Glückseligkeit in sich selbst zu
finden, anglich, habe ich ihn sich selber überlassen. Und ich
erregte die Geschöpfe, die ihm untertan waren, gegen ihn
und machte sie zu seinen Feinden: derart, daß heute der
Mensch den Tieren ähnlich geworden und so fern von mir
ist, daß ihm kaum ein verworrener Schimmer seines Schöpfers
blieb: derart ist alles, was er wußte, ausgelöscht oder getrübt
worden. Die Sinne, die von der Vernunft unabhängig und
oft Herrn der Vernunft sind, haben ihn mit sich fortgezogen
auf der Suche nach der Lust. Entweder quält ihn oder versucht ihn alles Geschaffene und herrscht über ihn, da es ihn
entweder durch die Gewalt unterwirft oder durch die Süße
betört, und diese Herrschaft ist die furchtbarste und maß-
loseste.“

„Das ist die Seinslage der Menschen heute. Es blieb ihnen
ein ohnmächtiger Trieb von dem Glück ihrer ersten Natur,
und sie sind in das Elend ihrer Blindheit und ihrer Gelüste
gesenkt, das ihre zweite Natur geworden ist.“

„In diesem Grund, den ich euch offenbare, könnt ihr die
Ursache der vielfältigen Widersprüche erkennen, die alle
Menschen verwundert haben und wodurch sie zu so verschiedenen Meinungen gelangten. Gebt nunmehr acht auf
die Regungen der Größe und Herrlichkeit, die das Erweisen
so vielfältigen Elends nicht auslöschen kann, und überlegt,
ob ihr Grund nicht in einer andern Natur liegen muß.“

Für P. R. *für morgen (Prosopopöie).* „Vergebens ist es, oh
Mensch, wenn du das Heilmittel gegen dein Elend in dir
selbst suchst. Nur das kann dich deine ganze Einsicht lehren,
daß du in dir selbst weder die Wahrheit noch das Heil

finden wirst. Die Philosophen haben es versprochen, aber sie
konnten es nicht vollbringen. Weder wissen sie, was dein
wahres Gut, noch, was deine wahre Seinslage ist. Wie hätten
sie dir Heilmittel gegen deine Leiden geben können, die sie
nicht einmal kannten? Dein hauptsächlichstes Übel ist der
Dünkel, der dich von Gott abwendet, und die Begierden, die
dich an die Erde binden, und nichts taten sie, als zum mindesten eine dieser Krankheiten zu fördern. Gaben sie dir
Gott zum Objekt, dann geschah es nur, um deine Hoffart
zu üben: sie machten dich glauben, du wärest ihm durch
deine Natur ähnlich und entsprechend. Und die, welche die
Eitelkeit dieser Anmaßung erkannten, stürzten dich in den
andern Abgrund, da sie dich glauben machten, deine Natur
wäre der der Tiere gleich, und sie brachten dich dazu, dein
Gut in den Begierden zu suchen, die der Anteil der Tiere
sind. Das ist nicht die Art, dich von deiner Sündhaftigkeit,
von der diese Weisen nichts wußten, zu heilen. Ich allein
bin es, der dich lehren kann, wer du bist . . ."
Adam, Jesus Christus.
Wenn du Gott vereint wirst, so bewirkt das die Gnade,
nicht die Natur; wenn du erniedrigt bist, so ist das Strafe,
nicht Natur.
So dieses doppelte Vermögen . . .
Du bist nicht in der Seinslage, in der ich dich geschaffen.
Wenn diese zwei Seiten enthüllt sind, ist es unmöglich, daß
du sie nicht erkenntest. Folge deinen Regungen, beobachte
dich selbst und sieh zu, ob du nicht die lebendigen Merkzeichen dieser beiden Naturen entdecken wirst.
Könnten so viele Widersprüche in einem einfachen Wesen
sein?
-- Unbegreifbar. — Alles, was unbegreifbar ist, hört nicht
auf zu sein: die unendliche Zahl, ein unendlicher Raum, der
einem endlichen gleich ist. — Unglaubhaft ist es, daß sich
Gott mit uns vereine. — Diese Überlegung entstammt nur

der Schau unserer Niedrigkeit. Vergegenwärtigt sie euch wahrhaft, geht mit mir, so weit ich gehe, und erkennt, daß wir wahrhaft so niedrig stehen, daß wir unfähig sind, von uns aus zu erkennen, ob sein Mitleid uns seiner nicht fähig machen könnte. Wissen möchte ich wohl, woher dieses Tier, das sich so schwach kennt, das Recht hat, das Mitleid Gottes zu messen und ihm Grenzen zu setzen, die sein Wahn ihm einredet. So wenig weiß er, was Gott ist, daß er nicht einmal weiß, was er selbst ist; und völlig verwirrt ob der Schau seiner eignen Seinslage, wagt er zu sagen, Gott könne ihn nicht fähig der Vereinigung mit Ihm machen.

Aber fragen möchte ich ihn, ob Gott anderes verlangt, als daß er ihn liebe und kenne, und weshalb er meint, daß sich Gott nicht erkennbar und liebenswert machen kann, da der Mensch von Natur der Liebe und der Erkenntnis fähig ist. Kein Zweifel besteht, daß der Mensch zum mindesten weiß, daß er ist und daß er irgend etwas liebt. Wenn er also inmitten der Finsternisse, in denen er ist, etwas sieht und er unter den Dingen auf Erden etwas zu lieben findet, weshalb sollte dann der Mensch, wenn Gott ihm einen Schimmer seiner Wesenheit schenkt, unfähig sein, ihn zu erkennen und zu lieben in der Weise, in der es ihm gefallen wird, sich uns mitzuteilen? Es ist also kein Zweifel, daß in diesen Überlegungen eine unerträgliche Anmaßung steckt, obgleich es scheint, als gründeten sie auf einer offenbaren Demut, die weder wahrhaftig noch vernünftig ist, wenn sie uns nicht bekennen läßt, daß wir, da wir von uns aus nicht wissen, was wir sind, es nur durch Gott erfahren können.

„Ich verlange nicht, daß du ohne Grund an mich glaubst, und beabsichtige nicht, dich tyrannisch zu unterjochen, auch beabsichtige ich nicht, dir Rechenschaft von allem zu geben. Aber, um diesen Widerspruch auszugleichen, will ich dich durch überzeugende Beweise göttliche Zeichen in mir schauen lassen, die dich davon überzeugen sollen, was ich bin, und mir die Macht durch Wunder und Beweise sichern, denen du dich nicht entziehen kannst, und ohne Zögern wirst du glauben, was ich dich lehre, da du keinen andern Grund, sie abzulehnen, finden wirst, als daß du aus eigner Einsicht nicht erkennen kannst, ob sie sind oder nicht sind."

Gott hat den Menschen erlösen und das Heil denen öffnen wollen, die ihn suchen werden; aber die Menschen erweisen sich dessen so unwürdig, daß es gerecht ist, daß Gott einigen auf Grund ihrer Verstockheit weigert, was er andern in einer Gnade gewährt, die sie nicht verdienen. Hätte er den Widerstand der Verstocktesten überwinden wollen, so hätte er es wohl vermocht, wenn er sich ihnen so offenbar ent- hüllt hätte, daß sie an der Wahrheit seines Wesens nicht hätten zweifeln können; so wie er am Jüngsten Tag er- scheinen wird in solchem Glanz der Blitze und solchem Umsturz der Natur, daß die auferstandenen Toten und die Blindesten ihn sehen werden.

So wollte er nicht erscheinen, als er in Sanftmut kam; weil sich so viele Menschen unwürdig seiner Milde gezeigt, wollte er sie das Gute entbehren lassen, das sie nicht wollten. Also wäre es nicht gerecht gewesen, wenn er in einer Weise erschienen wäre, die so völlig göttlich und so völlig fähig, alle Menschen zu überzeugen, gewesen wäre; aber es wäre auch nicht gerecht gewesen, wenn er so verborgen gekommen wäre, daß er von denen nicht hätte erkannt werden können, die ihn ernsthaft suchten. Ihnen wollte er sich vollkommen kenntlich machen, und so, da er für die, die ihn von gan- zem Herzen suchen, unverschleiert erscheinen wollte und verborgen für die, die ihn von ganzem Herzen fliehen, mil- derte er seine Erkennbarkeit derart, daß er Zeichen seiner selbst gegeben hat, die sichtbar für die sind, die ihn suchen, und es nicht sind für die, die ihn nicht suchen. Für die, die nichts wünschen als zu sehen, ist Licht genug, und Finsternis genug für die, die entgegengesetzt gestimmt sind.   430

233

Der Mensch ist Gottes nicht würdig, aber er ist nicht unfähig, seiner würdig gemacht zu werden.

Es ist Gottes unwürdig, sich dem elenden Menschen zu
gesellen; es ist aber nicht Gottes unwürdig, ihn aus seinem
Elend zu ziehen.   510

Dritter Teil

Beweise Jesu Christi

Das alte Testament

234

Größe. — Ein so gewaltig Ding ist die Religion, daß es gerecht ist, daß die, die sich nicht die Mühe nehmen wollen zu prüfen, ob sie dunkel ist, ausgeschlossen sind. Worüber beschwert man sich, wenn sie so ist, daß man sie finden kann, wenn man sie sucht?   574

235

Allgemeine Leitung der Welt zur Kirche; da Gott sowohl blind machen als erleuchten wollte. Da das Eintreffen den göttlichen Ursprung dieser Prophezeiungen bewiesen hat, muß das übrige geglaubt werden; und von hier aus schauen wir die Ordnung der Welt folgendermaßen: als die Wunder der Schöpfung und der Sintflut in Vergessenheit gerieten, sandte Gott das Gesetz und die Wunder des Moses und die Propheten, die Bestimmtes weissagten; und um ein beständiges Wunder zu bereiten, schafft er die Prophezeiungen und die Erfüllungen; da man aber die Prophezeiungen bezweifeln könnte, will er sie unbezweifelbar machen usw.

576

236

Sinnbilder. Da Gott den Seinen die vergänglichen Güter vorenthalten wollte, schuf er, um zu zeigen, daß das nicht aus Unmacht geschah, das jüdische Volk.   645

237

... Und dabei beweist dies Testament, daß die einen blenden und die andern erleuchten soll, grade durch die, welche
es blind macht, die Wahrheit, die die andern kennen sollen.
Denn die sichtbaren Güter, die Gott ihnen verlieh, waren so
umfassend und so göttlich, daß völlig deutlich wurde, daß
er die Macht hatte, ihnen die unsichtbaren zu geben und
einen Messias.
Denn die Natur ist ein Abbild der Gnade, und die sichtbaren Wunder sind Abbilder der unsichtbaren. Ut sciatis ...
tibi dico: Surge[1].
Jesaja LI sagt, daß die Erlösung sein würde wie der Zug durch
das Rote Meer. Folglich hat Gott in dem Auszug aus Ägypten,
in dem Meer, in der Niederlage der Könige, im Manna, in
der Genealogie von Abraham bewiesen, daß er die Fähigkeit
hatte, zu retten und Brot vom Himmel fallen zu lassen usw.,
derart, daß das ihm feindliche Volk Sinnbild und Stellvertre-
ter eben des Messias ist, von dem sie nichts wissen, usw.
Also hat er schließlich gelehrt, daß das alles nur Sinnbilder
waren und was die „wahre Freiheit", „die wahren Israeli-
ter", die „wahre Beschneidung", das „wahre Brot vom Himmel" usw. ist.
In diesem Versprechen findet jeder, was er im Grunde seines
Herzens wünscht: irdische oder geistige Güter, Gott oder
die Welt; aber mit dem Unterschied, daß, wer die Welt
darin sucht, sie wohl darin findet, aber mit vielerlei Wider-
sprüchen, nämlich mit dem Verbot, ihr anzuhängen, und
dem Gebot, nur Gott zu verehren und nichts zu lieben neben
ihm, was auf das gleiche hinauskommt, und daß schließlich
für sie der Messias nicht gekommen ist; während die, die
Gott darin suchen, ihn finden, und zwar ohne jeglichen

---

[1] Hinweis auf Mark. II, 10.

Widerspruch, mit dem Gebot, nur ihn zu lieben, und der Tatsache, daß ein Messias zu der Zeit gekommen ist, die geweissagt war, um ihnen das Gut zu geben, das sie erbeten. Die Juden hatten also Wunder, hatten Prophezeiungen, deren Erfüllung sie sahen, und die Lehre ihres Gesetzes war, nur einen Gott zu verehren und zu lieben; und diese Lehre war immerdar. So hatte sie alle Kennzeichen der wahren Religion: was sie auch war. Aber man muß die Lehre der Juden von der Lehre vom Gesetz der Juden unterscheiden. Nun, die Lehre der Juden war nicht wahr, obgleich es hier Wunder, Weissagungen und immerwährende Dauer gab, weil ihnen dies fehlte: nichts zu verehren und nichts zu lieben als Gott. 675

238

In jeder Religion gibt es zwei Arten von Menschen. Unter den Heiden Anbeter der Tiere und die andern, Anbeter des einen Gottes der natürlichen Religion. Bei den Juden die fleischlich gesonnenen und die geistigen Juden, die die Christen des alten Gesetzes waren. Unter den Christen die materiellen, die die Juden des neuen Gesetzes sind.
Die fleischlichen Juden erhofften einen fleischlichen Messias, und die materiellen Christen glauben, daß der Messias sie von der Pflicht, Gott zu lieben, entbunden habe. Die wahren Juden und die wahren Christen verehren einen Messias, der sie fähig macht, Gott zu lieben. 609

239

Das ist erstaunlich und besonderer Beachtung würdig, daß die Juden seit so vielen Jahren bestehen und daß man sie immer im Elend findet: Es war zum Beweise Jesu Christi sowohl notwendig, daß sie bestünden, um ihn zu beweisen, wie daß sie elend seien, weil sie ihn gekreuzigt haben; ob-

gleich es ein Widerspruch ist, daß man elend ist und trotzdem dauert, bestehen sie immer und trotz ihres Elends.

640

240

Gott hat bewirkt, daß die Blindheit dieses Volkes dem Heil
der Auserwählten dient. 577

241

Wären alle Juden durch Jesus Christus bekehrt worden,
dann hätten wir nur verdächtige Zeugen. Und wären sie
ausgerottet worden, dann hätten wir gar keine. 750

242

Die Juden lehnen ihn ab, aber nicht alle: die Heiligen nehmen ihn an und nicht die Fleischlichen. Und statt daß das
seine Herrlichkeit mindere, ist es der letzte Pinselstrich, der
sie vollendet. Wie der Grund, den sie für ihre Ablehnung
haben — und das ist der einzige, der sich in ihren Schriften,
im Talmud und bei den Rabbinern findet —, nur der ist,
daß Jesus Christus nicht die Völker mit den Waffen unterworfen habe, gladium tuum, potentissime. (Haben sie sonst
nichts zu sagen? Jesus Christus, sagen sie, sei getötet worden, er sei unterlegen, er habe die Heiden nicht durch
Gewalt unterworfen, er habe ihnen keine Beute verschafft,
er habe ihnen keine Reichtümer verschafft. Ist das alles,
was sie zu sagen haben? Deshalb gerade liebe ich ihn. Den,
den sie sich vorstellen, würde ich nicht mögen.) Es ist offenbar, daß es nur das Leben war, was sie gehindert hat,
ihn anzunehmen; und dadurch, daß sie so ablehnten, wurden
sie makellose Zeugen, und was noch mehr ist, sie erfüllten
dadurch die Prophezeiungen.
(Dadurch, daß dieses Volk ihn nicht angenommen hat, ist

dies Wunder geschehen: Die Prophezeiungen sind die einzigen dauernden Wunder, die es gibt, aber sie können
bestritten werden.)   760

243

Und das, was das Ganze krönt, ist die Weissagung, damit
man nicht sagen könne, das hätte der Zufall gefügt. Wer
immer nur noch acht Tage zu leben hätte, der würde nicht
meinen, daß er darauf setzen solle, daß alles nur Zufall sei.
Nun, stünden uns die Leidenschaften nicht im Wege, so
wären acht Tage und einhundert Jahre ein und dasselbe.
                                                         694

244

Die Weissagungen versteht man erst, nachdem man sieht,
daß sie eingetroffen sind; so finden nur die, die davon wissen und daran glauben, die Beweise für die Zurückgezogen-
heit, die Verschwiegenheit und das Schweigen.
Joseph völlig innerlich in einem völlig äußerlichen Gesetz.
Die äußere Buße bereitet den Menschen zur innerlichen
Buße, wie die Demütigungen zur Demut bereiten. Ebenso
die . . .   698

245

In das Kapitel über die Fundamente muß aufgenommen
werden, was in dem über die Sinnbilder die Ursache der
Sinnbilder betrifft: weshalb wurde das erste Kommen Jesu
Christi geweissagt und weshalb die Art und Weise verschleiert?   570

246

Geweissagt wurde die Zeit des ersten Kommens, die Zeit
des zweiten nicht; denn das erste Kommen mußte verborgen
sein, und das zweite soll dermaßen sichtbar und derart

offenbar sein, daß ihn selbst seine Feinde erkennen werden. Da er aber unbemerkt kommen und nur von denen erkannt werden sollte, die die Schrift prüfen würden . . .   757

247

Kann man anderes als Verehrung für einen Menschen empfinden, der klar vorhersagt, was geschehen wird, und der seine Absicht erklärt, daß er sowohl die Menschen mit Blindheit schlagen, wie daß er sie erleuchten will, und der unter das, was eindeutig eintrifft, Dunkelheiten mischt?

756

248

Der überzeugendste Beweis für Jesus Christus sind die Prophezeiungen; deshalb hat Gott für sie besonders gesorgt, denn die Geschehnisse, durch die sie erfüllt sind, sind ein beständiges Wunder, seit der Geburt der Kirche bis zum Jüngsten Tag. Deshalb hat Gott sechzehn Jahrhunderte lang Propheten erweckt und danach vier Jahrhunderte lang diese Prophezeiungen mitsamt den Juden, die sie bewahrten, über die ganze Welt verstreut. Dadurch wurde die Geburt Jesu Christi vorbereitet, dessen Evangelium von der ganzen Welt geglaubt werden sollte; damit man ihm glaube, war nicht nur notwendig, daß es Prophezeiungen gab, sondern auch, daß diese Prophezeiungen auf der ganzen Welt bekannt waren, damit sie von allen Menschen angenommen wurden.   706

249

Nur bis zur Geburt Jesu Christi sprechen die Evangelien von der Jungfräulichkeit der Jungfrau. Alles geschieht in Hinblick auf Jesus Christus.   742

250

Mit den Augen des Glaubens die Geschichte von Herodes und Cäsar zu sehen, ist schön. 700

251

Kühnheit ist nötig, um ein bestimmtes Ereignis auf so viel verschiedene Arten vorherzusagen: die vier heidnischen oder götzendienerischen Reiche, das Ende der Herrschaft Juda und die siebzig Wochen mußten gleichzeitig eintreffen, und das alles, bevor der zweite Tempel zerstört war. 709

252

Zwei Irrtümer: 1. Alles wörtlich zu nehmen; 2. alles geistig zu nehmen. 648

253

Gegen die reden, die zu sehr in Sinnbildern machen. 649

254

Die Konkupiszenz ist uns natürlich und zur zweiten Natur geworden. Also gibt es zwei Naturen in uns: die eine gut, die andere böse. Wo ist Gott? Wo du nicht bist, und das Königtum Gottes ist in dir. — Rabbiner. 660

255

Widersprüche. Man kann eine gute Charakterzeichnung nur geben, wenn man alle Gegensätze unseres Charakters darstellt; es genügt nicht, eine Reihe zusammenstimmender Eigenschaften darzustellen, ohne sie mit denen, die ihnen entgegengesetzt sind, zur Übereinstimmung zu bringen. Will

man verstehen, was ein Autor meint, muß man die Stellen,
die sich widersprechen, zur Übereinstimmung bringen.
So muß man, wenn man die Schrift verstehen will, einen
Sinn kennen, in dem alle sich widersprechenden Stellen zusammenstimmen. Es reicht nicht aus, wenn man einen kennt,
der für mehrere zusammenstimmende Stellen ausreicht; man
muß einen Sinn kennen, der selbst die Stellen zusammenstimmen läßt, die sich widersprechen.
Jeder Autor hat etwas im Sinn, in dem alle sich widersprechenden Stellen zusammenstimmen, oder er hat gar
nichts im Sinn. Das letztere aber kann man von der Schrift
und den Propheten nicht sagen; sie wußten sicher sehr
genau, was sie meinten. Also muß man einen Sinn suchen,
der alle Widersprüche vereint. Der wahre Sinn kann folglich
nicht der sein, den die Juden haben; in Jesus Christus aber
sind alle Widersprüche zur Übereinstimmung gebracht.
Die Juden waren außerstande, das Ende des Königtums und
des Fürstentums, das Hosea prophezeite, mit der Weissagung
Jakobs in Übereinstimmung zu bringen.
Hält man das Gesetz, die Opfer und das Königreich für
Wirklichkeiten, dann kann man all diese Stellen nicht miteinander aussöhnen. Folglich sind sie notwendig Sinnbilder.
Nicht einmal alle Stellen eines und desselben Autors, nicht
die eines Buches und mitunter nicht die eines Kapitels kann
man zur Übereinstimmung bringen, und das beweist deutlich
genug, was der Autor im Sinn hatte; so wenn Hesekiel
(Kap. XX) sagt, daß man in der Herrschaft Gottes leben
und daß man nicht darin leben würde.   684

256

Ein Sinnbild enthält zugleich Abwesendes und Gegenwärti-
ges, Gefallen und Mißfallen.
Die Ziffer hat doppelten Sinn: einen deutlichen und einen,
von dem gesagt ist, daß der Sinn verborgen sei.   677

257

Fac secundum exemplar quod tibi ostensum est in monte[1].
Die Religion der Juden ist folglich nach der Ähnlichkeit mit
der Wahrheit des Messias gebildet; und die Wahrheit des
Messias ist durch die Religion der Juden erkannt worden,
die sein Sinnbild war.

In den Juden ist die Wahrheit nur versinnbildlicht; im
Himmel ist sie enthüllt.

In der Kirche ist sie verborgen und durch Vermittlung des
Sinnbildes erkennbar.

Das Sinnbild ist im Bilde der Wahrheit gebildet, und die
Wahrheit ist durch das Sinnbild erkennbar geworden.

Paulus sagt selbst, daß Leute die Ehe verbieten werden,
und er schreibt darüber an die Korinther in einer Art, die
eine Rattenfalle ist; denn hätte ein Prophet eines und Paulus alsdann das andere gesagt, so hätte man ihn angeklagt.

673

258

Nichts versteht man von den Werken Gottes, wenn man
nicht als Grundsatz annimmt, daß er die einen blind machen
und die andern erleuchten wollte.　　　　　　566

259

Sinnbildlich. Nichts ist der Liebe zu Gott so ähnlich wie
die Begierde, und nichts ist ihr entgegengesetzter. So waren
die Juden im Besitz der Güter, die ihrer Begierde schmeichelten, den Christen völlig entsprechend und völlig entgegengesetzt. Dadurch hatten sie die zwei Eigenschaften, die
sie notwendig haben mußten: dem Messias weitgehend zu
entsprechen, um ihn zu versinnbildlichen und ihm völlig

---

[1] Und siehe zu, daß du es machest nach dem Bilde, das du auf dem
Berg gesehen. 2. Mose, XXV, 40.

entgegengesetzt zu sein, um nicht verdächtige Zeugen zu
sein. 663

260

Die fleischlichen Juden verstanden weder die Größe noch
die Erniedrigung des Messias, der in ihren Prophezeiungen
geweissagt war. Sie verkannten ihn in seiner Größe, die
geweissagt war, so als er sagte, daß der Messias der Herr
Davids sein würde und zugleich sein Sohn, daß er vor
Abraham war und daß er diesen gesehen hat; so groß
glaubten sie ihn nicht, daß er ewig wäre; und sie verkannten
ihn in seiner Erniedrigung und in seinem Tod. Der Messias,
sagten sie, bleibt ewig, und dieser sagt, daß er sterben
wird. — Sie glaubten ihn also weder sterblich noch ewig,
nur eine fleischliche Größe suchten sie in ihm. 662

261

Sinnbilder. In diesem irdischen Glauben war das Volk der
Juden alt geworden: daß Gott ihren Erzvater Abraham,
seinen Samen und was ihm entstammte, liebe, daß er sie
deshalb vermehrt und unter allen andern Völkern aus-
gezeichnet habe, und daß er deshalb nicht dulde, daß sie sich
mit ihnen vermischten; daß er sie, als sie in Ägypten
schmachteten, mit den gewaltigsten Zeichen seiner Gunst
befreit habe, daß er sie mit Manna in der Wüste ernährt,
daß er sie in ein überaus fettes Land geführt habe; daß er
ihnen Könige gegeben und einen festgebauten Tempel, um
ihm dort Tiere darzubringen, und daß sie durch das Blut
dieser Tiere, das sie vergossen, gereinigt würden, und daß
er ihnen endlich den Messias senden würde, um sie zu Herrn
der ganzen Welt zu machen, und er hat die Zeit seines
Kommens geweissagt.
Als die Menschheit, in diesen fleischlichen Irrtümern befan-

gen, alt geworden war, ist Jesus Christus gekommen zu der
Zeit, wie sie geweissagt war, aber nicht in dem erwarteten
Glanz; und deshalb glaubten sie nicht, daß er es sei. Nach
seinem Tod kam der heilige Paulus, um die Menschen zu
lehren, daß alle diese Dinge sinnbildlich in Erfüllung gegangen seien, daß das Königtum Gottes nicht im Fleisch, sondern im Geiste bestehe, daß die Feinde der Menschen nicht
die Babylonier, sondern die Leidenschaften seien, daß sich
Gott nicht an Tempeln, die Menschen erbauten, erfreue,
sondern an einem reinen und demütigen Herzen; daß die
Beschneidung des Körpers nutzlos, wohl aber eine des Herzens notwendig sei, daß Moses ihnen nicht das Brot vom
Himmel gegeben habe usw.

Da Gott aber solches diesem Volk, das dessen unwürdig
war, nicht enthüllen und es trotzdem weissagen wollte,
damit man daran glaube, hat er die Zeit deutlich gekündet
und sie an einigen Stellen klar gesagt, reichlich aber in
Sinnbildern, damit die, die den Stoff lieben, der das Sinnbild
trägt, sich daran hielten, und die das Versinnbildlichte
lieben, dieses darin sähen.

Alles, was nicht von der Liebe zu Gott handelt, ist Sinnbild.
Der einzige Gegenstand der Schrift ist die Liebe zu Gott.
Alles, was nicht diesem einzigen Zweck dient, ist Sinnbild
dieses Zweckes; denn da es nur einen Zweck gibt, muß
alles, was nicht unmittelbar davon handelt, sinnbildlich sein.
So bringt Gott in das einzige Gebot, ihn zu lieben, Abwechslung, um unsere Neugierde zu befriedigen, die die
Abwechslung braucht, und durch diese Vielfalt uns immer
in das uns einzig Notwendige zu leiten; denn „eins ist notwendig", wir aber lieben das Verschiedene; und so genügt
Gott durch diese Abwechslung dem einen und dem andern,
die zu dem einzig Notwendigen führen.

Die Juden haben den Stoff, der den Sinnbildern dient, so
sehr geliebt und sie haben sie so wörtlich erwartet, daß sie

die Wirklichkeit verkannten, als sie zu der Zeit und in der Art, die geweissagt war, geschehen ist.

Die Rabbiner nehmen als Sinnbild die Brüste der Braut und alles, was nicht von dem einzigen Zweck, den sie kennen, nämlich von den irdischen Gütern, handelt.

Und die Christen nehmen selbst die Eucharistie als Sinnbild der Herrlichkeit, die sie erhoffen. 670

262

Erkennt also die Wahrheit der Religion selbst in der Dunkelheit der Religion, in dem schwachen Lichtschimmer, den wir von ihr haben, in der Gleichgültigkeit, die wir zeigen, um sie zu kennen. 565

263

Mehr über den Willen als über den Geist will Gott herrschen. Vollkommene Klarheit würde dem Geiste dienen und dem Willen schaden. Zu Boden mit dem Dünkelhaften. 581

264

Selbst aus der Wahrheit macht man sich einen Götzen, denn die Wahrheit, die außerhalb der Liebe zu Gott ist, ist nicht Gott, ist sowohl sein Bild als ein Götzenbild, das man weder zu lieben noch zu verehren hat, und noch weniger ist ihr Gegenteil, das die Lüge ist, zu lieben oder zu verehren. Ich könnte durchaus vollkommene Dunkelheit lieben; wenn mich Gott aber einer Seinslage des Halbdunkels verbunden hat, mißfällt mir die wenige Dunkelheit, die es hier gibt, und weil ich darin nicht die Vorzüge einer völligen Dunkelheit finde, gefällt sie mir nicht. Das ist falsch und ein Zeichen dafür, daß ich mir aus der von der Ordnung Gottes geschiedenen Dunkelheit ein Götzenbild mache. Nun, sie ist nur in seiner Ordnung zu verehren. 582

265

Gäbe es keine Dunkelheit, würde der Mensch seine Verderbtheit nicht empfinden; gäbe es kein Licht, würde der Mensch kein Heilmittel erhoffen. Also ist es nicht nur gerecht, sondern auch nützlich für uns, daß Gott zum Teil verborgen, zum Teil enthüllt ist, da es für die Menschen gleich gefährlich ist, Gott zu kennen, ohne von ihrem Elend zu wissen, wie von ihrem Elend zu wissen, ohne Gott zu kennen.   586

266

Herkommen der Widersprüche. Ein erniedrigter Gott, bis zum Tod am Kreuz; ein Messias, der über den Tod siegt durch seinen Tod. Zwei Naturen in Jesus Christus, zweimaliges Kommen, zweifache Seinsnatur des Menschen.

765

Die christliche Religion und die Sittenlehre

267

Beständigkeit. Diese Religion, die in dem Glauben besteht, der Mensch sei aus der Seinslage der Herrlichkeit und des Umgangs mit Gott in eine Seinslage der Trauer, der Pein und der Entfernung von Gott gestoßen, und daß wir nach diesem Leben wieder eingesetzt werden sollen durch einen Messias, der kommen sollte, bestand seit je auf Erden. Alles ist vergangen, doch sie, für die alles ist, hat überdauert.

Im ersten Zeitalter der Welt wurden die Menschen zu jeder Art Ausschweifung verführt; indessen gab es Heilige wie Enoch, Lamech und andere, die in Geduld den Christus erwarteten, der seit Beginn der Welt verheißen war. Den Gipfel der Bosheit der Menschen hat Noah gesehen, und weil er den Messias, dessen Sinnbild er gewesen ist, erhoffte, wurde er würdig befunden, die Welt durch seine Person zu erretten. Abraham lebte inmitten des Götzendienstes, als Gott ihm Kenntnis gab von dem Mysterium des Messias, den er von ferne sah. Zur Zeit Isaaks und Jakobs waren die Greuel über die ganze Erde verbreitet; diese Heiligen aber lebten im Glauben, und als Jakob sterbend seine Kinder segnet, unterbricht er verzückt seine Rede und ruft aus: „Ich erwarte, o Herr, den Erlöser, den du verheißen hast: Salutare tuum exspectabo, Domine." Die Ägypter waren vom Götzendienst und von der Magie verseucht, selbst das Volk Gottes wurde durch ihr Beispiel verführt; Moses und andere jedoch glaubten an den, den sie nicht sahen, und beteten ihn an und schauten auf die ewigen Gaben, die er ihnen bereitete.

Später ließen die Griechen und Römer die falschen Götter herrschen, Dichter erfanden hundert verschiedene Götterlehren, die Philosophen spalteten sich in tausend verschiedene Schulen; jedoch immer lebten im Herzen Judas erwählte Menschen, die das Kommen des Messias weissagten, den niemand außer ihnen kannte.

Endlich, als die Zeit erfüllt war, ist er gekommen. Und seitdem entstanden vielerlei Spaltungen und Häresien, viele Staaten wurden gestürzt, so viele Dinge wandelten sich, doch diese Kirche, die zu dem betet, zu dem man immer gebetet hat, hat ohne Unterbrechung bestanden. Das aber, was wunderbar, unvergleichlich und völlig göttlich ist, ist, daß diese Religion, die alles überdauert hat, immer bekämpft worden ist. Tausendmal hat sie unmittelbar vor restloser Zerstörung gestanden, und immer, wenn es so war, hat sie Gott durch außerordentliche Eingriffe seiner Allmacht wieder errichtet. Und das Erstaunlichste ist, daß sie sich gehalten hat, ohne sich unter dem Willen der Tyrannen zu biegen oder zu beugen. Denn daß ein Staat besteht, der

seine Gesetze den Notwendigkeiten des Tages von Zeit zu
Zeit anpaßt, das ist nicht befremdend; daß aber . . .
(Siehe die Darstellung bei Montaigne.)   613

268

Wenn die Staaten nicht mitunter ihre Gesetze den Notwendigkeiten anpaßten, würden sie zugrunde gehen; das
aber hat die Religion niemals geduldet und sich nie dieser
Möglichkeit bedient. Entweder sind solche Anpassung oder
Wunder nötig.
Wenn man sich beugt, ist es nicht sonderbar, daß man sich
erhält, und, genau gesehen, behauptet man sich dabei nicht,
und trotzdem verfielen sie schließlich gänzlich; kein Staat
überdauerte tausend Jahre. Daß sich aber diese Religion
immer behauptete und unbeugsam blieb, das ist göttlich.

614

269

Deshalb lehne ich alle anderen Religionen ab. Das gibt mir
die Antwort auf alle Einwürfe.
Gerecht ist es, daß ein Gott, der so rein ist, sich nur denen
enthüllt, die ihr Herz gereinigt haben. Deshalb liebe ich diese
Religion, und ich finde sie schon durch ihre wahrhaft göttliche Sittenlehre völlig bestätigt; ich finde aber noch mehr.
Für mich ist erwiesen, daß, soweit das Gedächtnis der Menschen reicht, hier ein Volk ist, das länger als jedes andere
besteht; daß immer den Menschen gekündet wurde, daß sie
allgemein verderbt, daß aber ein Erlöser kommen werde; —
ein ganzes Volk kündet ihn vor seinem Kommen, und ein
ganzes Volk betet ihn nach seinem Kommen an; und das
sagt nicht ein Mensch, sondern eine Unzahl von Menschen,
und ein ganzes Volk weissagt ihn und hat vier Jahrtausende
lang diesen Auftrag und ist endlich ohne Götterbild und

ohne König. Während vier Jahrhunderten werden dann ihre
Bücher über die Welt verbreitet. Je mehr ich sie prüfe, um
so wahrer finde ich sie, sowohl was das Früher, als was das
Später betrifft, sowohl die Synagoge, die geweissagt ist, wie
die Elenden, die ihr anhängen, und die, obgleich sie alle
Feinde (dessen waren, was die Propheten sagen) bewun-
dernswerte Zeugen der Wahrheit der Prophezeiungen sind,
wo selbst ihr Elend, ihre Blendung geweissagt wurden.

Diese Verkettung dieser Religion, die völlig göttlich in ihrer
Autorität, ihrem Alter, ihrer Beständigkeit, in ihrer Lehre,
ihren Wirkungen ist, mit der Verfinsterung der Juden, finde
ich entsetzlich und gekündet: Eris Palpans in meridie[1]. Da-
bitur liber scienti litteras, et dicet: non possum legere[2].
Noch hatte der erste Gewaltherrscher das Zepter in Händen.
Das Gerücht vom Kommen Jesu Christi.

So hebe ich meine Arme auf zu meinem Erlöser, der, nachdem er vier Jahrtausende geweissagt war, gekommen ist, um
für mich auf Erden zu leiden und zu sterben zu der Stunde
und in der Weise, wie es gekündet worden war. Und durch
seine Gnade erwarte ich den Tod in Frieden, in der Hoffnung, auf ewig mit ihm vereint zu sein, und bis dahin lebe
ich froh und zufrieden. Sei es mit den Gütern, die es ihm
gefiel, mir zu geben, sei es mit den Leiden, die er mir zu
meinem Heil gesandt und die er mich durch sein Beispiel
zu erdulden gelehrt hat.   737

270

. . . Sie schmähen, was sie nicht kennen. Die christliche Religion besteht auf zwei Punkten; es ist für den Menschen
gleichermaßen wichtig, beide zu kennen, und gleichermaßen
gefährlich, darüber unwissend zu sein; und es ist gleicher-

---

[1] Und wirst tappen im Mittag. V. Mos. XXVIII, 23—25.
[2] Hinweis auf Jes. XXIX, 11: Oder man gäbe das Buch dem, der lesen
kann, und er spräche: ich kann nicht lesen.

maßen ein Beweis der Gnade Gottes, Kennzeichen beider gegeben zu haben.

Indessen folgern sie, da sie annehmen, daß einer dieser Punkte nicht bestünde, was sie aus dem andern erschließen müßten. Die Weisen, die lehrten, es gäbe nur einen Gott, wurden verfolgt, die Juden gehaßt, die Christen noch mehr. Ihre natürliche Einsicht belehrte sie, daß, wenn es eine wahrhafte Religion auf Erden gibt, die Leitung von allem und jedem in sie als in ihren Schwerpunkt streben müsse.

Inhalt jeglicher Leitung alles Geschehens sollte die Errichtung und die Größe der Religion sein; die Menschen sollten in sich empfinden, was sie lehrt, und sie müßte endlich derart Inhalt und Mittelpunkt sein, in den alles zielt, daß, wer ihre Grundsätze kennen würde, sowohl über die Natur des Menschen im besondern als über alles Geschehen der Welt im allgemeinen Rechenschaft abzulegen vermöchte.

Und von dieser Forderung ausgehend, schmähen sie die christliche Religion, weil sie sie schlecht kennen. Sie wähnen, sie bestehe einfach in der Verehrung eines Gottes, den man als groß, mächtig und ewig ansieht; was genau Deismus ist und fast ebenso fern der christlichen Religion wie der Atheismus, der ihr genaues Gegenteil ist. Und daraus folgern sie nun, diese Religion sei nicht die wahre, weil sie sehen, daß nicht alles Geschehen zur Bestätigung dieses Punktes verläuft und daß Gott sich nicht den Menschen mit der völligen Klarheit offenbart, wie er es wohl vermocht haben würde.

Mögen sie daraus gegen den Deismus schließen, was sie wollen; nichts werden sie daraus gegen die christliche Religion folgern können, die, genau gesehen, auf dem Mysterium des Erlösers gründet, der, da er in sich beide Naturen, die menschliche und die göttliche, vereinigte, die Menschen der Verderbtheit der Sünde entrissen hat, um sie mit Gott in seiner göttlichen Person zu versöhnen.

Also lehrt sie die Menschen diese zwei Wahrheiten zugleich:
sowohl, daß es einen Gott gibt, dessen die Menschen fähig
sind, als auch, daß es in der Natur eine Verderbtheit gibt,
die sie seiner unwürdig macht. Gleich wichtig ist es für den
Menschen, dieses und jenes zu wissen; und es ist gleich
gefährlich für den Menschen, Gott zu kennen, ohne sein
Elend zu kennen, wie sein Elend zu kennen, ohne den Erlöser
zu kennen, der ihn davon zu heilen vermag. Kennt man nur
eines davon, so führt das entweder zu dem Dünkel der
Philosophen, die Gott gekannt haben und nicht ihr Elend,
oder zur Verzweiflung der Atheisten, die ihr Elend ohne den
Erlöser kennen.

Und da es so für den Menschen gleichermaßen notwendig
ist, von diesen beiden Punkten Kenntnis zu haben, ist es
auch gleichermaßen ein Gnadenbeweis Gottes, daß er uns
beide kennen ließ. Die christliche Religion tut das, und
darin besteht sie.

Daran prüfe man die Ordnung der Welt und urteile, ob
nicht alles dahin zielt, die zwei Hauptsätze dieser Religion
zu bestätigen: Jesus Christus ist der Inhalt von allem und
der Mittelpunkt, wohin alles zielt. Wer ihn kennt, kennt
den Grund aller Dinge. Die, die sich verirren, irren sich nur,
weil sie einen von beiden übersehen. Daraus folgt, daß man
Gott wohl kennen kann, ohne von seinem Elend zu wissen,
und auch sein Elend, ohne von Gott zu wissen; aber man
kann Jesus Christus nicht kennen, ohne sowohl Gott als sein
Elend zu kennen.

Und deshalb will ich hier weder die Existenz Gottes, noch
die Dreieinigkeit, noch die Unsterblichkeit der Seele, noch
irgend etwas dieser Art durch natürliche Schlüsse zu beweisen unternehmen; nicht nur, weil ich mich nicht stark
genug fühle, in der Natur irgend etwas zu finden, was ver-
härtete Atheisten überzeugen könnte, sondern auch, weil
solche Erkenntnis ohne Jesus Christus nutzlos und unfrucht-

bar ist. Ich glaube nicht, daß jemand viel für sein Heil
gewonnen hätte, der überzeugt wäre, daß die Beziehungen
der Zahlen unstoffliche und ewige Wahrheiten seien, die
von einer höchsten Wahrheit abhingen, in der alle begründet seien und die man Gott nenne.

Der Gott der Christen ist nicht einfach ein Gott als Urheber
der geometrischen Wahrheiten und der Ordnung der Elemente; das ist der Teil, den Heiden und Epikureer von ihm
hatten. Er ist nicht nur ein Gott, der seine Vorsehung auf
das Leben und die Güter der Menschen erstreckt, um denen,
die ihn verehren, ein langes und glückliches Leben zu schenken; das ist der Anteil, den die Juden hatten. Sondern der
Gott Abrahams, der Gott Isaaks, der Gott Jakobs, der Gott
der Christen ist ein Gott der Liebe und des Trostes, ist ein
Gott, der die Seele und das Herz derjenigen erfüllt, die er
besitzt, ist ein Gott, der sie im Innern ihr Elend und seine
unendliche Barmherzigkeit spüren läßt, der sich in der Tiefe
ihrer Seele ihnen vereint und sie mit Demut, Freude, Vertrauen und Liebe erfüllt und sie unfähig macht, ein anderes
Ziel zu haben als ihn.

Alle, die Gott außerhalb Jesu Christi suchen und bei der
Natur stehenbleiben, finden entweder keine Erleuchtung,
die sie zufriedenstellt, oder sie gelangen dahin, sich ein Mittel zu erfinden, um Gott zu kennen und ihm ohne Mittler zu
dienen, und dadurch verfallen sie entweder dem Atheismus
oder dem Deismus, die beide die christliche Religion fast
gleich verabscheut.

Ohne Jesus Christus würde die Welt nicht bestehen, denn
sie müßte entweder zerstört worden sein oder der Hölle
gleichen.

Bestünde die Welt, um die Menschen von Gott zu lehren, so
würde seine Göttlichkeit aller Orten unbezweifelbar widerscheinen; da sie aber nur durch Jesus Christus und für Jesus
Christus besteht, und um die Menschen sowohl ihre Ver-

derbtheit wie ihre Erlösung zu lehren, leuchten hier aus
allem die Beweise dieser zwiefachen Wahrheit.

Alles Wahrnehmbare zeigt weder völlige Abwesenheit noch
eine offenbare Gegenwärtigkeit des Göttlichen, wohl aber
die Gegenwart eines Gottes, der sich verbirgt. Alles trägt
dieses Merkzeichen.

Sollte der einzige, der die Natur kennt, sie nur kennen
können, um elend zu sein? sollte der einzige, der sie kennt,
der einzig Unglückliche sein?

Es ist nicht nötig, daß er nichts sieht; es ist nicht nötig, daß
er genug von ihm sieht, um zu glauben, daß er ihn besitze;
sondern nötig ist, daß er genug sieht, um zu erkennen, daß
er ihn verloren hat; denn um zu erkennen, daß man verloren hat, muß man etwas schauen und es nicht sehen, und
das ist genau die Lage, in der die Natur ist.

Wofür er sich immer entscheidet, ich werde ihm dort keine
Ruhe lassen . . .   556

271

Entweder waren die Apostel betrogen oder Betrüger. Beides
ist schwierig anzunehmen, denn es ist unmöglich, daß man
einen Menschen als auferstanden ausgibt.

Solange Jesus Christus bei ihnen war, konnte er ihnen Halt
sein; danach aber, wer hat sie handeln lassen, wenn er
ihnen nicht erschienen ist?   802

272

Wer lehrte die Evangelisten die Eigenschaften einer vollkommen heldischen Seele, um sie so vollkommen in Jesus
Christus zu zeichnen? Weshalb zeigen sie ihn schwach in seiner Agonie? Können sie standhaftes Sterben nicht schildern?
Doch; denn eben der gleiche Sankt Lukas stellt den Tod des
heiligen Stephan viel gefaßter dar als den Jesu Christi.

Sie zeigen ihn also der Furcht fähig, bevor die Notwendigkeit des Todes da ist, und dann vollkommen stark.

Als sie ihn aber so betrübt schildern, da war er in sich selbst
betrübt; und als die Menschen ihn quälen, da ist er völlig
gefaßt.   800

273

Beweis Jesu Christi. Die Annahme betrügerischer Apostel
ist völlig unsinnig. Man denke sie bis zu Ende, und man
stelle sich diese zwölf Menschen vor, die nach dem Tode
Jesu Christi versammelt sind, wie sie sich verabreden, sie
wollten sagen, er sei auferstanden. Damit stellten sie sich in
Gegensatz zu allem, was mächtig war. Das Herz des Menschen neigt sonderbar leicht zur Seite des Bequemen, der
Änderungen, der Versprechen und des Besitzes. Wie leicht
wäre es möglich gewesen, daß einer von ihnen, verführt
durch diese Verlockungen, sich verleugnet hätte oder gar
durch die Gefängnisse, die Folter und den Tod, dann waren
sie alle verloren. Das bedenke man.   801

274

In vielerlei Hinsicht ist der Stil des Evangeliums bewunderungswürdig, unter anderm darin, daß keinerlei Schmähun-
gen gegen die Henker und Feinde Jesu Christi vorkommen;
denn es gibt keinen Evangelisten, der gegen Judas, gegen
Pilatus oder gegen irgendeinen Juden geschrieben hat.

Wäre diese Mäßigung der Verfasser der Evangelien Verstellung gewesen, ebenso wie so manches andere Merkmal
charakterlicher Schönheit, und hätten sie sie nur vorge-
täuscht, damit es bemerkt würde, so würden sie, wenn sie es
nicht gewagt hätten, selbst darauf hinzuweisen, sich sicherlich Freunde verschafft haben, die das zu ihrem Ruhme an-
gemerkt hätten. Da sie aber davon ohne Verstellung und

gänzlich unbefangen reden, blieb es von allen unbemerkt, und ich bin sicher, daß manches dieser Art bis heute noch nicht bemerkt worden ist, und das bezeugt die Ruhe, mit der die Berichte verfaßt worden sind. 798

275

Die Liebe zu Gott ist kein sinnbildliches Gebot.

Es ist entsetzlich, wenn **man** sagt, Jesus Christus, der gekommen ist, um an Stelle der Sinnbilder die Wirklichkeit einzusetzen, sei nur gekommen, um ein Sinnbild der Gottesliebe zu geben und um die Wirklichkeit aufzuheben, die sie bis dahin hatte.

„Wenn das Licht Finsternis ist, wie groß wird dann die Finsternis sein?" 665

276

So bedeutungslos war Jesus Christus (in dem Sinn, was die Welt bedeutungslos nennt), daß die Historiker, die nur die wichtigsten Geschehnisse der Staaten berichten, ihn kaum bemerkt haben. 786

277

Ebensoviel Mühe hatte die Kirche, denen, die es leugneten, zu beweisen, daß Jesus Christus Mensch war, wie zu beweisen, daß er Gott war; der äußere Anschein war gleich groß. 764

278

Als die Juden ihn auf die Probe stellten, ob er Gott wäre, zeigten sie, daß er Mensch war. 763

279

Wie Jesus Christus unerkannt unter den Menschen blieb, so
bleibt die Wahrheit, äußerlich ununterscheidbar, unter den
Meinungen des Tages gleich der Hostie des Abendmahls
unter dem gewöhnlichen Brot.   789

280

Weder verstehen wir die Seinslage der Herrlichkeit Adams,
noch die Natur seiner Sünde, noch die Fortzeugung der
Sünde von ihm auf uns. Das alles geschah in einer von unserer Natur völlig verschiedenen Seinslage, die die unseres
gegenwärtigen Fassungsvermögens übersteigt.

Das zu wissen aber wäre nutzlos, da es nicht helfen kann,
diese Seinslage zu überwinden; das einzig Wichtige ist, zu
wissen, daß wir elend, verderbt und von Gott getrennt,
aber durch Jesus Christus losgekauft sind, wofür wir wun-
derbare Beweise auf Erden besitzen.

So lassen sich aus den Ungläubigen, die von Religion unberührt leben, und aus den Juden, die ihre unversöhnlichen
Feinde sind, die Beweise sowohl für die Verderbtheit als
auch für die Erlösung ableiten.   560

281

Damit ein Mensch ein Heiliger werde, ist die Gnade notwendig; und wer das bezweifelt, weiß weder was ein Heiliger noch was ein Mensch ist.   508

282

Möge Gott uns nicht all unsere Sünden anrechnen, das heißt
nicht alle Folgerungen und Folgen unserer Sünden, die bei

den geringsten Fehlern furchtbar sind, wenn man sie ohne
Barmherzigkeit verfolgen wollte. 506

283

Alles kann uns töten, sogar das, was gemacht ist, um uns zu
dienen. So können uns in der Natur die Mauern töten, und
die Stufen der Stiege können uns töten, wenn wir ungeschickt
gehen.
Die geringste Bewegung wirkt auf die ganze Natur; das
ganze Meer ändert ein Stein. So wirkt in der Gnade die geringste Handlung durch ihre Folgen auf alles. Folglich ist
alles wichtig.
In jeder Handlung muß man außer der Handlung unsern
gegenwärtigen, vergangenen und zukünftigen Zustand und
alles andere, worauf er von Einfluß ist, bedenken und die
Verflechtung all dieser Dinge schauen. Und dann wird man
sich wohl zurückhalten. 505

284

Jesus Christus ist gekommen, um die, die klar sahen, mit
Blindheit zu schlagen und die Blinden sehend zu machen, um
die Kranken zu heilen und die Gesunden sterben zu lassen,
um die Sünder zur Buße zu rufen und um sie freizusprechen
und um die Gerechten in ihren Sünden zu lassen, um die
Unwürdigen zu sättigen und um die Reichen leer zu lassen.
771

285

Die Erwählten werden ihre Tugenden nicht kennen und die
Verworfenen nicht die Größe ihrer Verbrechen: Herr, wann
hätten wir gesehen, daß dich hungerte, dürstete usw.? 515

286

Das Gesetz hat nicht die Natur aufgehoben, sondern die Natur belehrt; die Gnade hat nicht das Gesetz aufgehoben, sondern das Gesetz zur Ausübung gebracht. Der Glaube, den wir in der Taufe empfangen, ist der Quellgrund des ganzen Lebens der Christen und der Bekehrten.   520

287

Immer wird die Gnade — und auch die Natur — in der Welt sein, so daß sie in etwas natürlich ist. So wird es auch immer Pelagianer und immer Katholiken und immer Kampf geben, weil die erste Geburt die einen und die Gnade der zweiten die andern schafft.   521

288

Der ganze Glaube besteht in Jesus Christus und in Adam und die ganze Moral in der Konkupiszenz und in der Gnade.   523

289

Keine Lehre ist dem Menschen angemessener als die, die ihn über das doppelte Vermögen, die Gnade sowohl zu empfangen als zu verlieren, aufklärt, weil er doppelter Gefahr ständig ausgesetzt ist, der Verzweiflung und dem Dünkel.   524

290

Das Elend zeugt die Verzweiflung; der Dünkel zeugt die Hoffart. Die Menschwerdung zeigt dem Menschen die Größe seines Elends durch die Größe des Heilmittels, die notwendig war.   526

291

Jesus Christus ist ein Gott, dem man sich ohne Dünkel nähert und unter den man sich ohne Verzweiflung beugt. 528

292

Wie wenig Stolz ist in dem Glauben eines Christen, mit Gott vereint zu sein; wie wenig verworfen ist er, wenn er sich dem Gewürm auf Erden vergleicht.
Die schönste Art: Leben und Tod, Güter und Leiden hinzunehmen! 538

293

Welcher Unterschied zwischen einem Soldaten und einem Kartäuser Mönch in Hinblick auf den Gehorsam! Denn beide sind gleich gehorsam und abhängig und gleich sorgfältig in den Übungen. Aber immer hofft der Soldat Herr zu werden, und er wird es nie — denn die Hauptleute und sogar die Fürsten sind immer Sklaven und Abhängige — aber er hofft immer und bemüht sich stets, es zu werden; während der Kartäuser das Gelübde abgelegt hat, für immer abhängig zu sein. Folglich unterscheiden sie sich nicht in dem fortwährenden Dienst, den beide ständig tun, sondern in der Hoffnung, die der eine immer hat und der andere nie. 539

294

Die Hoffnung, die die Christen haben, ein unendliches Gut zu besitzen, ist sowohl aus wirklicher Freude als aus Furcht gemischt. Denn das ist hier nicht so, wie wenn man ein Königreich erhofft, an dem man nicht teilhat, solange man Untertan ist. Sondern sie erhoffen die Heiligkeit und die Erlösung von den Sünden und sie haben schon in etwas teil daran. 540

295

Niemand ist so glücklich wie ein wahrer Christ, noch so vernünftig, noch so tugendhaft, noch so der Liebe wert.   541

296

Ohne Jesus Christus ist der Mensch notwendig im Laster und im Elend; mit Jesus Christus ist der Mensch von Laster und Elend befreit. In ihm ist unsere ganze Tugend und unsere ganze Glückseligkeit; außerhalb von ihm gibt es nur Laster, Elend, Irrtum, Finsternis, Tod und Verzweiflung.
546

297

Nur die christliche Religion kann den Menschen zugleich liebenswert und glücklich machen. In der weltlichen Rechtschaffenheit kann man nicht zugleich der Liebe wert und glücklich sein.   542

Die denkenden Glieder

298

Die einzige Religion, die gegen die Natur, gegen den gesunden Menschenverstand, gegen unsere Vergnügungen ist, ist die einzige, die immer gewesen ist.   605

299

„Alles auf Erden ist Begierde des Fleisches oder Begierde der Augen oder Dünkel des Lebens: libido sentiendi, libido sciendi, libido dominandi." Unglückliche Erde, die diese drei feurigen Ströme eher versengen als befruchten. Glücklich

sind die, die sich auf diesen Flüssen halten, die nicht in sie
getaucht, nicht von ihnen mitgerissen werden, sondern
standhaft und fest sind, nicht aufrecht stehend, sondern in
einen flachen und sichern Kahn gekauert, um dort zu war-
ten, bis der Tag anbricht, und die, nachdem sie dort in Frieden ruhten, die Hand dem bieten werden, der sie aufrichten
soll, um sie vor den Toren des heiligen Jerusalem aufrecht
und stark zu machen, wo sie der Dünkel nicht mehr treffen
und nicht mehr schlagen kann; und die bis dahin weinen,
nicht weil sie sehen, wie alles Vergängliche, das die Wirbel
entführen, verfließt, sondern in Erinnerung an ihr geliebtes
Vaterland, an das himmlische Jerusalem, woran sie sich unaufhörlich in der langen Weile ihrer Verbannung erinnern.

458

300

Die einzige Wissenschaft, die gegen den gesunden Menschenverstand und gegen die Natur des Menschen ist, ist die einzige, die immer unter den Menschen bestand.   604

301

Zwei Gesetze genügen, um besser als alle politischen Gesetze die ganze christliche Republik zu leiten.   484

302

Begierde des Fleisches, Begierde der Augen, Stolz usf. Drei
Ordnungen aller Dinge gibt es: Fleisch, Geist, Willen. Die
Fleischlichen sind die Reichen, die Könige: ihr Gegenstand
ist der Körper. Die Wissensdurstigen und Gelehrten: ihr
Gegenstand ist der Geist. Die Weisen: ihr Gegenstand ist
die Gerechtigkeit.
Über alle soll Gott herrschen, und alles soll sich auf ihn be-

ziehen. In allem Fleischlichen herrscht recht eigentlich die
Konkupiszenz, in dem Geistigen recht eigentlich die Neugierde; in der Weisheit recht eigentlich der Dünkel. Das bedeutet nicht, daß man nicht ruhmreich sein könne wegen der
Güter, die man besitzt oder der Kenntnisse, die man hat,
sondern daß sie kein Grund zum Stolz sind, denn auch
wenn man einem Menschen zubilligt, daß er kenntnisreich
ist, wird man nicht unterlassen dürfen, ihn darauf hinzuweisen, daß er unrecht hat, darauf stolz zu sein.

Der eigentliche Anlaß des Dünkels ist die Weisheit; denn
man kann nicht zugleich einem Menschen zubilligen, daß er
zur Weisheit gelangt ist, und sagen, daß er im Unrecht ist,
weil man ihn deshalb rühmt, denn das ist gerecht. Auch gibt
Gott allein die Weisheit, und deshalb gilt: „Qui gloriatur,
in Domino glorietur[1]."   460

303

Keine der andern Religionen hat gefordert, daß man sich
hasse. Keine der andern Religionen kann folglich denen zu-
sagen, die sich hassen und die ein Wesen suchen, das wahrhaft zu lieben ist. Und diese würden sie, falls sie zuvor niemals von der Religion eines erniedrigten Gottes gehört hätten, unverzüglich annehmen.   468

304

Der Eigenwille wird sich niemals zufrieden geben, selbst
dann nicht, wenn er alles hätte, was er wünscht; aber in
dem Augenblick, wo man auf ihn verzichtet, ist man zufrieden. Hat man sich von ihm befreit, kann man nicht unzu-
frieden, mit ihm kann man nie zufrieden sein.   472

---

[1] Wer sich rühmt, der rühme sich des Herrn. 1. Kor. VI, 17.

305

Es ist nicht wahr, daß wir würdig sind, daß uns andere lieben; es ist unrecht, daß wir dies wollen. Wären wir von Geburt vernünftig und leidenschaftslos, kennten wir uns und die andern, so würden wir diesem Verlangen unseres Willens nicht nachgeben. Doch werden wir mit ihm geboren, also werden wir sündig geboren.

Denn alles strebt nach sich selbst. Das ist jeder Ordnung entgegen. Man muß sein Ziel im allgemeinen haben, und die Richtung auf uns selbst ist der Beginn aller Unordnung, so im Krieg, in der Politik, in der Wirtschaft, im eignen Körper des Menschen.

Also ist der Wille entartet. Wenn die natürlichen und bürgerlichen Glieder der Gemeinschaften auf das Wohl des Körpers ausgerichtet sind, dann sollen die Gemeinschaften selbst ihr Ziel in einem andern umfassenden Körper besitzen, dessen Glieder sie sind. In das Allgemeine muß man also streben, und also sind wir von Geburt an sündig und entartet. 477

306

Man stelle sich einen Körper aus denkenden Gliedern vor. 473

307

Glieder. Damit beginnen. Will man die Liebe, die man sich selbst schuldig ist, lenken, dann muß man sich einen Körper aus denkenden Gliedern vorstellen — denn wir sind Glieder des Ganzen — und dann erfühlen, wie weit ein jedes Glied sich selbst lieben sollte, usw. 474

308

Hätten Hände und Füße einen eignen Willen, so würden sie niemals in ihrer Ordnung sein, wenn sie nicht diesen beson-

dern Willen dem höhern Willen, der den ganzen Körper
lenkt, unterordneten. Sonst sind sie in der Unordnung und
im Unglück; wollen sie aber nichts als das Wohl des Körpers, so wirken sie ihr eignes Wohl.   475

309

Nur Gott muß man lieben, sich nur hassen.
Würde der Fuß bislang nicht gewußt haben, daß er Teil
eines Körpers ist und daß es einen Körper gibt, von dem er
abhängt, hätte er nur von sich gewußt und nur sich selbst
geliebt und erführe er, daß er zu einem Körper gehört, von
dem er abhängt; wie würde er sein vergangenes Leben be-
reuen, wie bestürzt würde er sein, weil er dem Körper unnütz war, der ihm das Leben vermittelt hat, der ihn vernichtet haben würde, wenn er ihn verworfen und sich von ihm
getrennt hätte, wie er sich von ihm getrennt hatte. Wie
würde er flehen, behalten zu werden, und wie unterwürfig
würde er sich von dem Willen leiten lassen, der den Körper
beherrscht, soweit, einzuwilligen, abgetrennt zu werden,
wenn es nötig sein sollte, wodurch er seine Gliedschaft verlieren würde; denn jedes Glied muß durchaus bereit sein, für
den Körper zu verderben, der das einzige ist, was alles ist.
          476

310

Damit die Glieder glücklich sind, müssen sie einen Willen
haben und ihn dem Körper anpassen.   480

311

Sittlichkeit. Nachdem Gott Himmel und Erde geschaffen
hatte, die das Glück ihres Daseins nicht fühlen, wollte er
Wesen schaffen, die es kennen und die einen Körper den-

kender Glieder bilden sollten. Denn unsere Glieder spüren nicht das Glück ihres Zusammenhanges, noch das ihrer bewunderungswürdigen Vernunft, noch die Sorgfalt, die die Natur nahm, um sie zu begeisten und sie wachsen und dauern zu lassen. Was wären sie glücklich, wenn sie es zu fühlen, wenn sie es zu schauen vermöchten! Dazu aber wäre nötig, daß sie Verstand hätten, um es zu erkennen, und guten Willen, um in den der allgemeinen Seele einzuwilligen. Würden sie aber, nachdem ihnen Verstand zuteil geworden, sich seiner nur bedienen, um die Nahrung für sich zu verbrauchen, ohne sie den andern Gliedern zu vermitteln, so würden sie nicht nur im Unrecht, sondern dazu noch elend sein und sich eher hassen als sich lieben. Da ihr Glück ebenso wie ihre Pflicht darin besteht, der Führung durch die Seele des Ganzen zuzustimmen, an der sie teilhaben und die sie richtiger liebt, als sie sich selbst lieben. 482

312

Glied sein, heißt: Leben, Sein und Bewegung nur von dem Geist des Körpers und für den Körper zu haben. Das abgesonderte Glied, das den Körper, zu dem es gehört, nicht mehr bemerkt, hat nur ein Dasein, das verfällt und stirbt. Es hält sich indessen für ein Ganzes; und da das Glied nichts von dem Körper, von dem es abhängig ist, bemerkt, glaubt es, es sei nur von sich abhängig, und es will sich selbst zum Mittelpunkt und Körper machen. Da das Glied aber in sich selbst keinen Grund des Lebens hat, kann es sich nur verirren, und erschrocken über die Ungewißheit seines Daseins empfindet es wohl, daß es nicht der Körper ist, ohne indessen zu erkennen, daß es Glied eines Körpers ist. Gelangt es endlich dahin, sich zu erkennen, ist es wie heimgekehrt und liebt sich selbst nur noch durch den Körper und beklagt seine früheren Verirrungen.

Aus seiner Natur könnte das Glied nichts lieben, es sei
denn um seiner selbst willen und um es sich untertan zu
machen, weil jegliches sich mehr als alles andere liebt. Liebt
aber das Glied den Körper, so liebt es sich selbst, weil es
nur Sein in ihm, durch ihn und für ihn hat: qui adhaeret
Deo unus spiritus est[1].

Der Körper liebt die Hand, und die Hand sollte sich, hätte
sie einen Willen, ebenso lieben, wie die Seele sich liebt.
Jedes Mehr an Selbstliebe ist ungerecht.

Adhaerens Deo unus spiritus est. Man liebt sich, weil man
Glied Jesu Christi ist; man liebt Jesus Christus, weil er der
Leib ist, dessen Glied man ist. Alles ist eins und das eine
im andern: vergleichbar den drei Personen.   483

313

Also ist die einzige und wahre Tugend, sich zu hassen, denn
man ist hassenswert wegen der Konkupiszenz, und ein wahrhaft der Liebe würdiges Wesen zu suchen, um es zu lieben.
Da wir aber nichts lieben können, was außer uns ist, muß
man ein Wesen lieben, das in uns ist und das wir nicht
selbst sind und das für einen jeden Menschen Wirklichkeit
ist. Nun, es gibt nur das umfassende Wesen, das dem genügt. Das Königtum Gottes ist in uns: das höchste Gut ist
in uns, ist wir selbst und ist nicht, was wir selbst sind. 485

Jesus Christus

314

Beständigkeit. Man bedenke, daß seit dem Beginn der Welt
ohne Unterbrechung der Messias erwartet oder verehrt wor-

---

[1] Wer aber dem Herrn anhängt, der ist *ein* Geist mit ihm. 1. Kor.
VI, 17.

den ist: daß Menschen aufgestanden sind, die sagten, Gott
habe ihnen enthüllt, daß ein Heiland geboren werden solle,
der sein Volk erlösen würde; man bedenke, daß später Abraham gekommen'ist, der gesagt hat, es sei ihm die Offenbarung geworden, der Messias würde von einem Sohne
stammen, der ihm geboren werden solle, bedenke, daß Jakob erklärt hat, daß er unter seinen zwölf Söhnen vom
Stamme Juda sein würde, daß dann Moses und die Propheten gekommen sind, um den Zeitpunkt und die Art seines
Kommens zu deuten; daß sie gesagt haben, daß das Gesetz,
das sie hätten, nur in Erwartung des Gesetzes des Messias
bestünde, daß es bis dahin bestehen, daß das andere aber
ewig bestehen würde, daß also entweder ihr Gesetz oder das
des Messias, das ihr Gesetz verheiße, immer auf Erden sein
würde; und man bedenke, daß es in Wirklichkeit immer bestanden hat, und daß endlich Jesus Christus gekommen ist
in der Art und Weise, wie es geweissagt war. — Das ist
bewunderungswürdig.   617

315

Es ist nicht nur unmöglich, es ist auch nutzlos, Gott ohne
Jesus Christus zu kennen. Sie haben sich nicht von ihm entfernt, sondern sich ihm genähert, sie haben sich nicht erniedrigt, sondern [erhöht].
Quo quisquam optimus est, pessimus, si hoc ipsum, quod
optimus sit, adscribat sibi[1].   549

316

Von allem, was es auf Erden gibt, nimmt er nur teil an dem
Leidvollen, nicht an den Freuden. Er liebt, die ihm nahe stehen, aber in diesem Rahmen erschöpft sich seine Nächsten-

---

[1] Worin einer der Beste ist, wenn er sich selbst dies, daß er der
Beste ist, zuschreibt, wird er der Schlechteste (Bernhard von Clairvaux).

liebe nicht, er dehnt sie auf seine Feinde aus und selbst auf
die Feinde Gottes.   767

317

Beweise Jesu Christi. Jesus Christus sagt die großen Dinge
so schlicht, daß es scheint, als hätte er sie nicht dafür gehalten, und trotzdem so deutlich, daß man wohl erkennt, daß
er sie dafür hält. Diese Klarheit, vereint mit solcher Schlicht-
heit, ist bewunderungswürdig.   797

318

Nicht nur Gott kennen wir allein durch Jesus Christus, auch
uns selbst kennen wir nur durch Jesus Christus, Leben und
Tod kennen wir allein durch Jesus Christus. Ohne Jesus
Christus wissen wir weder, was unser Leben, noch was unser
Tod, noch was Gott ist, noch was wir selbst sind.
Also ohne die Schrift, die nur von Jesus Christus handelt,
wissen wir gar nichts, finden wir nur Finsternis und Verwir-
rung sowohl im Wesen Gottes als in der eigentlichen Natur.
                                                            548

319

Hatte je ein Mensch mehr Ruhm? Das ganze Volk der
Juden kündet ihn vor seinem Kommen. Die Heiden verehren ihn nach seinem Kommen. Beide, Heiden und Juden,
sehen in ihm ihren Mittelpunkt.
Indessen, wer hätte jemals sich weniger seines Ruhmes ge-
freut? Von dreiunddreißig Jahren lebt er dreißig in der
Verborgenheit. Drei Jahre lang gilt er als Betrüger; Priester
und Älteste lehnen ihn ab, seine Freunde und seine Nächsten verachten ihn. Endlich stirbt er, verraten von einem der
Seinen, von dem andern verleugnet und verlassen von
allen.

Was nützte ihm also dieser Ruhm? Niemals war ein Mensch ruhmvoller, niemals war ein Mensch verachteter. Nur uns diente sein Ruhm, damit er für uns erkennbar sei, und in nichts diente er ihm selbst. 792

320

Gott durch Jesus Christus. Nur durch Jesus Christus kennen wir Gott. Ohne diesen Mittler ist jede Gemeinschaft mit Gott ausgelöscht; durch Jesus Christus kennen wir Gott. Alle, die vorgaben, Gott ohne Jesus Christus kennen und ohne Jesus Christus beweisen zu können, hatten nur macht-lose Beweise. Aber um Jesus Christus zu beweisen, haben wir die Prophezeiungen, die zuverlässige und handgreifliche Beweise sind. Da diese Prophezeiungen erfüllt und durch das Eintreffen wirklich bewiesen sind, sind sie Kennzeichen der Gewißheit dieser Wahrheiten und mithin Beweis für die Göttlichkeit Jesu Christi. In ihm und durch ihn kennen wir folglich Gott. Sonst und ohne die Schrift, ohne die Erbsünde, ohne den notwendig verheißenen und erschienenen Mittler kann man weder Gott überzeugend beweisen, noch wahre Lehre, noch wahre Sittlichkeit lehren. Durch Jesus Christus und in Jesus Christus aber beweist man Gott und lehrt man die Sittlichkeit und die Lehre. Folglich ist Jesus Christus der wirkliche Gott der Menschen.

Aber zugleich kennen wir unser Elend; denn dieser Gott ist nichts als der Erlöser von unserem Elend. Also können wir Gott nur wahrhaft kennen, wenn wir unsere Verderbtheit kennen; und so haben die, die Gott gekannt haben, ohne ihr Elend zu kennen, nicht seinem Ruhm gedient, wohl aber sich ihres Wissens gerühmt. Quia non cognovit per sapien-tiam, placuit Deo per stultitiam praedicationis salvos facere[1]. 547

---

[1] Hinweis auf 1. Kor. I, 21.

321

In jeder Person und in uns selbst vergegenwärtige ich mir
Jesus Christus: Jesus Christus als Vater in seinem Vater,
Jesus Christus als Bruder in seinen Brüdern, Jesus Christus
arm in den Armen, Jesus Christus reich in den Reichen, Jesus Christus als Lehrer und Priester in den Priestern, Jesus
Christus als Herrscher in den Fürsten usw. Denn durch
seine Herrlichkeit ist er alles, was groß ist, da er Gott ist,
und durch sein sterbliches Leben ist er alles, was armselig
und niedrig ist. Deshalb, um in allen Personen sein zu können und um Vorbild jeder Lebenslage zu sein, nahm er diese
unglückliche Seinslage auf sich.   785

322

Die Armut liebe ich, weil er sie geliebt hat. Die Güter liebe
ich, weil sie das Mittel sind, den Armen zu helfen. Treu bin
ich gegen jeden. Kein Übel füge ich denen zu, die es mir
zufügen, wohl aber wünsche ich, ihre Seinslage gliche der
meinen, wo man weder Übel noch Güter von seiten der Menschen empfängt. Ich bemühe mich, gerecht, wahrhaftig, aufrichtig und treu gegen jeden zu sein; und von Herzen bin
ich all denen zugeneigt, die Gott mir als Nächste vereinte;
und ob ich allein oder von Menschen gesehen bin, in allem,
was ich tue, schaue ich auf Gott, der es beurteilen soll und
dem ich all mein Handeln geweiht habe.
So ist mein Empfinden; jeden Tag meines Lebens preise ich
meinen Erlöser, der es mir gab und der aus einem Menschen voll von Schwäche, Elend, von Begierden, von Stolz
und Ehrgeiz, einen Menschen machte, der von diesen Übeln
durch die Gewalt seiner Gnade erlöst ist, welcher aller
Ruhm gebührt, da ich von mir aus nichts bin als Elend und
Irrheit.   550

323

Nur seine Wundmale, so scheint mir, ließ Jesus Christus
nach der Auferstehung berühren: Noli me tangere. Nur seinen Leiden müssen wir uns vereinen. Als Sterblicher gab er
sich zur Speise im Abendmahl, als auferstanden den Jüngern
in Emmaus, als aufgefahren zum Himmel der ganzen
Kirche.   554

324

Das Grab Jesu Christi. Gestorben war Jesus Christus, aber
sichtbar am Kreuz. Er ist gestorben und verborgen im
Grab.
Nur von Heiligen ist Jesus Christus bestattet worden. Kein
Wunder hat Jesus Christus im Grabe getan.
Nur Heilige traten dort ein.
Dort ist es, wo Jesus Christus ein neues Leben annimmt,
nicht am Kreuz.
Das ist das letzte Geheimnis der Passion und der Auf-
erstehung.
(Jesus Christus lehrt lebend, tot, begraben, auferstanden.)
Keinen Ort der Ruhe hat Jesus Christus auf Erden gehabt
als das Grab.
Erst am Grab haben seine Feinde aufgehört, ihn zu quälen.
                                                          552

Das Mysterium Jesu

Jesus leidet in der Passion die Qualen, die ihm Menschen
bereiten; in der Agonie aber leidet er die Qualen, die er sich
selbst schafft: turbare semetipsum[1]. Das ist eine Pein, nicht
von menschlicher, sondern allmächtiger Hand, und allmäch-
tig muß sein, wer sie erträgt.

---

[1] Und betrübte sich selbst. Joh. XI, 33.

Etwas Trost wenigstens sucht Jesus bei seinen drei besten
Freunden, und die schlafen; er bittet sie, ihm ein wenig
beizustehen, und in völliger Nachlässigkeit lassen sie ihn
allein; so wenig leiden sie mit ihm, daß es sie nicht einen
Augenblick am Schlafen hindern kann. Und so war Jesus
einsam dem Zorn Gottes ausgeliefert.

Einsam ist Jesus auf Erden. Nicht nur, daß niemand seine
Qualen mitfühlt und teilt, sondern niemand weiß auch nur
von ihnen: der Himmel und er allein wissen darum.

In einem Garten ist Jesus, nicht in einem der Wonne wie
der erste Adam, der dort sich und das ganze Geschlecht der
Menschen verdarb, sondern in einem der Qualen, in dem er
sich und das ganze Menschengeschlecht erlöst hat.

Diese Qual und diese Verlassenheit leidet er in den Schrek-
ken dieser Nacht.

Ich glaube, außer diesem einen Mal beklagte sich Jesus niemals; nun aber klagt er, als habe er seinen übergroßen
Schmerz nicht mehr ertragen können: „Meine Seele ist betrübt bis in den Tod."

Gemeinschaft und Linderung sucht Jesus bei den Menschen.
Das, scheint mir, ist einmalig in seinem ganzen Leben.
Aber er findet sie nicht, denn seine Jünger schlafen.

Bis an das Ende der Welt wird die Agonie Jesu dauern;
nicht schlafen darf man bis dahin.

Als Jesus inmitten dieser allgemeinen Verlassenheit und
verlassen von seinen Freunden, die er, mit ihm zu wachen,
erwählte, sie schlafend findet, erzürnt er sich, nicht wegen
der Gefahr, der sie ihn, sondern der, der sie selbst sich aussetzen, und er belehrt sie voller Freundschaft und Sanftmut
trotz ihres Undanks über ihr eignes Heil und belehrt sie,
daß der Geist willig und das Fleisch schwach sei.

Als Jesus sie wieder schlafend findet, ohne daß seine oder
ihre eigne Mahnung sie hätte hindern können, ist er so
gütig, sie nicht zu wecken, und er läßt sie schlummern.

Jesus betet in der Ungewißheit über den Willen des Vaters,
und er fürchtet den Tod; als er ihn aber erkannt hat, geht
er hinaus, sich ihm zu stellen: Eamus[1]. Processit (Johannes)[2].

Jesus hat die Menschen gebeten, und er ist nicht erhört
worden.

Während seine Jünger schliefen, hat Jesus ihr Heil gewirkt.
Er hat es für jeden Gerechten gewirkt, während sie schliefen,
sowohl in dem Nichts vor ihrer Geburt, als in den Sünden
seit ihrer Geburt. Nur einmal betet er, daß der Kelch an
ihm vorübergehe, und das voller Ergebenheit, und zweimal,
daß es geschehe, wie es sein müsse.

Jesus in Trübsal.

Als Jesus sieht, daß alle seine Freunde schlafen und alle
seine Feinde wach sind, überantwortet er sich völlig seinem
Vater.

Jesus erkennt in Judas nicht die Feindschaft, sondern die
Anordnung Gottes, den er liebt; so wenig sieht er sie, daß
er ihn Freund nennt.

Jesus entreißt sich seinen Jüngern, um in den Todeskampf
einzugehen; den Nächsten und Vertrautesten muß man sich
entreißen, um ihm nachzuleben.

Jesus war in der Agonie und den größten Qualen, — beten
wir länger.

Wir erflehen die Barmherzigkeit Gottes, nicht damit er uns
in unsern Lastern in Ruhe lasse, sondern uns von ihnen
befreie.

Gäbe uns Gott selbst die Gebieter, o wie bereitwillig würde
man ihnen gehorchen müssen! Forderung und Geschehn sind
dann untrüglich.

Tröste dich, du würdest mich nicht suchen, wenn du mich
nicht gefunden hättest.

---

[1] Laßt uns gehen, Math. XXVI, 46.
[2] Ging er hinaus, Joh. XVIII, 2.

„An dich dachte ich in meiner Agonie, jene Tropfen Blut hab ich für dich vergossen.

„Das heißt, mich eher versuchen als dich erweisen, wenn du denkst, ob du dieses und jenes noch nicht Seiende richtig tun wirst; ich werde es in dir wirken, wenn es soweit ist.

„Lasse dich von meinen Vorschriften leiten, siehe, wie ich die Jungfrau und die Heiligen geführt, die mich in ihnen handeln ließen.

„An allem, was ICH wirke, hat der Herr Gefallen.

„Willst du, daß ich immer das Blut meiner Menschlichkeit zahle, ohne daß du Tränen dafür gibst?

„Meine Sache ist deine Bekehrung, fürchte nichts und bete mit Vertrauen wie für mich.

„Ich bin dir gegenwärtig durch mein Wort in der Schrift, durch meinen Geist in der Kirche und in den Erleuchtungen, durch meine Macht in den Priestern, durch mein Gebet in den Gläubigen.

„Die Ärzte werden dich nicht heilen, denn am Ende wirst du sterben. Ich bin es, der dich heilt und den Körper unsterblich macht.

„Leide die Ketten und die Knechtschaft des Körpers; vorerst befreie ich dich nur von denen des Geistes.

„Ein besserer Freund bin ich dir als dieser und jener, denn ich habe mehr für dich als sie getan; und sie würden nicht leiden, was ich für dich gelitten habe und nicht, während du treulos und grausam bist, für dich sterben, wie ich es getan habe und bereit bin zu tun, und es tue in meinen Erwählten und in dem heiligen Sakrament.

„Kenntest du deine Sünden, so würdest du verzagen." — Ich werde verzagen, Herr, denn ich glaube ihre Niedertracht auf dein Wort. —

„Nein, denn ich, der ich dich belehre, kann dich von ihnen heilen, und daß ich es dir sage, ist ein Zeichen, daß ich dich heilen will. In dem Maße, in dem du sie auslöschst, wirst

du sie kennen, und es wird dir gesagt werden: ‚Siehe die
Sünden, die dir vergeben sind.' Tue also Buße für deine ver-
borgenen Sünden und für die geheime Bosheit derer, die du
kennst."

Herr, ich gebe dir alles.

„Mehr liebe ich dich, als du deine Befleckung geliebt, ut
immundus pro luto[1].

„Beichte deinem Beichtiger, daß meine eignen Worte dir
Anlaß zum Bösen, zur Eitelkeit oder zur Neugierde sind."

Einen Abgrund des Stolzes, der Neugierde und der Begierde
sehe ich in mir. Keine Beziehung besteht zwischen mir und
Gott, noch zu Jesus Christus, dem Gerechten. Aber er ist
durch mich sündig gemacht worden; alle Geißelhiebe sind
auf ihn gefallen. Erbärmlicher ist er als ich, und statt mich
zu verabscheuen, rechnet er es sich zur Ehre, daß ich zu ihm
gehe und ihm helfe.

Er aber hat sich selbst geheilt, und mich wird er mit mehr
Grund heilen.

Meine Schwären muß ich den seinen hinzufügen und mich
ihm vereinen, und er wird mich retten, da er sich selbst er-
rettet. Aber von nun an dürfen keine hinzukommen.

Eritis sicut dii scientes bonum et malum[2]. Ein jeder spielt
Gott, wenn er urteilt: das ist gut oder schlecht, und sich zu
sehr betrübt oder freut ob der Geschehnisse.

Das Geringe wie das Große tun, wegen der Herrlichkeit Jesu
Christi, der es in uns wirkt und der unser Leben lebt, und
das Große als gering und leicht achten, wegen seiner Allmacht.   553

---

[1] Wie einer der von Schlamm unrein war.

[2] Und werdet sein wie Gott, und wissen, was gut und böse ist.
1. Mos. III, 5.

326

„Vergleiche dich nie mit andern, sondern mit mir. Findest
du mich in denen nicht, denen du dich vergleichst, so vergleichst du dich mit einem Verworfenen. Findest du mich
dort, vergleiche dich damit. Aber was wirst du vergleichen,
dich oder mich in dir? Wenn du es bist, so ist es ein Ver-
worfener. Wenn ich es bin, vergleichst du mich mit mir.
Nun, ich bin Gott in allem.

Oft spreche ich zu dir und tröste dich, weil dein Beichtiger
dich nicht sprechen kann, denn ich will nicht, daß es dir an
Führung mangle.

Und vielleicht tue ich es durch sein Gebet, und so leitet er
dich, ohne daß du ihn siehst. Du würdest mich nicht suchen,
wenn du mich nicht besäßest. Beunruhige dich also nicht."

555

Schluß

Das Geheimnis der Ordnungen und das Mysterium der Liebe Gottes

327

Es gibt wenig wirkliche Christen, ich behaupte sogar, im Glauben; es gibt genug, die glauben, aber aus Aberglauben; es gibt genug, die nicht glauben, aber aus Lässigkeit; wenige sind dazwischen.
Ich rechne darunter nicht die, die in der wahren Frömmigkeit der Sitten leben, und nicht die, die von Herzen glauben.

256

328

Der unendliche Abstand zwischen Körper und Geist versinnbildlicht die unendliche Unendlichkeit des Abstandes zwischen dem Geist und der Gottesliebe, denn sie ist übernatürlich.
Aller Glanz irdischer Größe ist stumpf für die Menschen, die im Geiste forschen.
Die Größe der Menschen des Geistes ist unsichtbar den Königen, den Reichen, den Kriegshelden, allen, die groß sind in der Welt des Fleisches.
Die Größe der Weisheit, die null und nichtig, wenn sie nicht Gottes ist, ist den fleischlichen und den geistigen Menschen unerkennbar. Das sind drei wesenhaft verschiedene Ordnungen.
Die großen Genies haben ihr Reich, ihren Glanz, ihre Größe, ihre Siege und ihren Schimmer, sie brauchen die irdische Größe nicht. mit der sie nichts gemeinsam haben. Die

Augen sehen sie nicht, der Geist aber sieht sie, das genügt. Die Heiligen haben ihr Reich, ihren Glanz, ihre Siege, ihren Schimmer, weder irdische noch geistige Größe brauchen sie, mit ihr haben sie nichts gemeinsam, denn sie fügt ihnen nichts hinzu, noch mindert sie sie. Gott und die Engel schauen sie, und nicht die Körper oder der neugierige Geist; Gott genügt ihnen.

Auch ohne jeden Ruhm würde Archimedes die gleiche Verehrung genießen. Sichtbar hat er keine Schlachten geschlagen, aber seine Erkenntnisse hat er allen Menschen des Geistes vermacht. Oh, wie gleißte er für alle Menschen von Geist!

Jesus Christus, der keine Güter besessen und in den Wissenschaften nichts vollbracht hat, ist in seiner Ordnung der Heiligkeit. Er hat weder etwas erfunden, noch hat er regiert; aber er ist demütig gewesen, geduldig, heilig, heilig, heilig vor Gott, furchtbar den bösen Geistern und ohne Sünde. In welcher gewaltigen Pracht, in welch überwältigender Herrlichkeit ist er den Augen des Herzens, die die Weisheit schauen, erschienen!

In seinen Büchern der Geometrie brauchte Archimedes nicht den Fürsten zu spielen, obgleich er es war.

Unser Herr Jesus Christus brauchte nicht als König zu erscheinen, um in dem Glanz seiner Heiligkeit zu herrschen, denn er kam in dem Glanz seiner Ordnung. Lächerlich ist es, an der Niedrigkeit Jesu Christi Anstoß zu nehmen, als gehöre diese Niedrigkeit zu der gleichen Ordnung, in der die Größe gründet, die er sichtbar werden ließ. Diese Größe vergegenwärtige man sich in seinem Leben und in seinem Leiden, in seiner Unscheinbarkeit, in seinem Tod, in der Wahl der Seinigen, in ihrem Versagen, in seiner geheimen Auferstehung und allem anderen: dann wird man sie so übergewaltig finden, daß kein Grund mehr besteht, an einer Niedrigkeit Anstoß zu nehmen, die es hier nicht gibt.

Es gibt aber Menschen, die nur irdische Größe bewundern können, als gäbe es keine geistige Größe; und andere gibt es, die können nur geistige Größe bewundern, als gäbe es nicht die unendlich viel höhere in der Weisheit.

Alle Körper, das Weltall und die Sterne, die Erde und ihre Königreiche, wiegen nicht den geringsten der Geiste auf; denn der Geist erkennt das alles und sich selbst, und die Körper: nichts.

Alle Körper zusammen und alle Geiste mitsamt ihren Leistungen wiegen nicht die geringste Regung der Liebe zu Gott auf. Sie ist eine unendlich viel höhere Ordnung.

Es wird niemals gelingen, aus allen Körpern zusammen einen kleinen Gedanken zu bilden: das ist unmöglich und anderer Ordnung. Aus allen Körpern und allen Geisten wird man keine Regung wahrer Liebe zu Gott gewinnen können: das ist unmöglich und anderer, einer übernatürlichen Ordnung.   793

329

Unsere Religion ist sowohl weise als Torheit. Weise, weil sie die wissendste und die in Wundern, Weissagungen usw. begründetste ist. Torheit, weil nichts von alledem bewirkt, daß man ihr zugehört. Das ist nur, damit die verdammt seien, die nicht glauben, nicht aber, damit die glauben, die ihr gehören. Was sie glauben macht, ist das Kreuz, ne evacuata sit crux[1]. Und deshalb sagt Paulus, der in Weisheit und Wundern gekommen ist, daß er weder in Weisheit noch Wundern gekommen sei, denn er kam, um zu bekehren. Aber die, die kommen, um zu überzeugen, die können sagen, daß sie in Weisheit und Zeichen kommen.   588

---

[1] Damit das Kreuz nicht zunichte werde. 1. Kor. I, 17.

330

So groß diese Religion in ihren Wundern ist, ihren Heiligen, reinen Gläubigen, Gerechten, Gelehrten und mächtigen Zeugen, Märtyrern, Königen, die eingesetzt wurden (David), Jesaja, Fürst von Geblüt, und so mächtig sie an Kenntnissen ist, sie verwirft, nachdem sie all ihre Wunder und ihre ganze Weisheit dargelegt hat, das alles und sagt, daß sie weder Weisheit noch Zeichen habe, sondern das Kreuz und die Torheit.

Denn die, die durch diese Zeichen und diese Weisheit sich um euren Glauben verdient gemacht und die ihren Charakter erwiesen haben, erklären euch, daß nichts von alledem euch ändern und fähig machen könne, Gott zu kennen und zu lieben, sondern allein die Tugend der Torheit des Kreuzes, ohne Weisheit und Zeichen, und keineswegs die Wunder ohne diese Tugend. Und so ist unsere Religion Torheit, wenn man die tatsächliche Ursache bedenkt, und weise, wenn man die Weisheit bedenkt, die sich darin vorbereitet.   587

331

Sie mögen sagen, was Sie wollen, zugeben muß man, daß es einiges Erstaunliche in der christlichen Religion gibt. Das scheint Ihnen so, wird man sagen, weil Sie darin geboren sind. Im Gegenteil, aus eben dem Grund wende ich mich dagegen, weil ich fürchte, daß mich diese Voreingenommenheit verführt, aber obgleich ich darin geboren bin, höre ich nicht auf, sie erstaunlich zu finden.   615

332

Die zwei gegensätzlichen Gründe. Damit muß man beginnen; sonst versteht man nichts, und alles ist häretisch; und

sogar am Schluß jeder Wahrheit muß man hinzufügen, daß
man sich der entgegengesetzten Wahrheit erinnert.   567

333

Es ist unrecht, daß man an mir hängt, mag man es auch
gern und freiwillig tun. Die, in denen ich diesen Wunsch
zeugte, werde ich enttäuschen; denn ich bin keines Menschen Ziel, und ich habe nichts, um ihnen Genüge zu tun.
Bin ich nicht nah am Sterben? Also wird, woran sie hängen,
sterben. Und so, wie ich schuldig sein würde, wenn ich einen
Irrtum glauben machte, mag ich auch von ihm ohne Zwang
überzeugen und mag man ihm bereitwillig glauben und mir
darin Freude bereiten, ebenso bin ich schuldig, wenn ich
Anlaß bin, mich zu lieben. Und wenn ich Menschen anziehe, sich an mich zu binden, muß ich jene, die bereit sein
würden, der Lüge zuzustimmen, warnen, daß sie mir nicht
glauben sollen, welcher Vorteil mir auch daraus zuwüchse
und ebenso, daß sie sich nicht an mich binden dürfen; denn
sie haben ihr Leben und ihre Sorge darin zu finden, Gott
zu gefallen oder zu suchen.   471

334

Was die größten Geister der Menschen zu erkennen ver-
mochten, — diese Religion lehrt dies ihre Kinder.   444

335

Verwundert euch nicht, wenn ihr einfache Menschen trefft,
die, ohne Überlegungen anzustellen, glauben. Gott gibt
ihnen die Liebe zu ihm und den Haß auf sich selbst, er
beugt ihr Herz dem Glauben. Niemand wird einen wahr-
haften und fruchtbaren Glauben glauben, dessen Herz

Gott nicht gebeugt hat, und man wird glauben, sobald er
es beugte. Das wußte David gut: „Inclina cor meum,
Deus, in" usw.   284

336

Anstatt sich darüber zu beklagen, daß sich Gott verborgen
hätte, solltet ihr ihm danken, daß er sich so weit enthüllt
hat, und weiter danken, daß er sich nicht den hochmütigen
Gelehrten enthüllt hat, die einen so heiligen Gott zu erkennen unwürdig sind.

Zwei Arten von Menschen sind wissend: die, deren Herz
demütig ist und die ihre Demütigung lieben, welchen Grad
immer ihr Geist, hoch oder niedrig, habe, und die, die Geist
genug haben, um die Wahrheit zu erkennen, welche
Schwierigkeiten sie dabei auch haben mögen.   288

337

Jene, die wir als Christen ohne Kenntnis der Prophezeiungen und der Beweise treffen, urteilen nicht weniger
richtig als die, die diese Kenntnisse haben. Sie urteilen mit
dem Herzen wie die andern mit dem Verstand. Gott selbst
ist es, der sie zum Glauben beugte: und so sind sie auf die
wirksamste Weise überzeugt. (Man kann meinen, diese Art
zu urteilen, sei nicht zuverlässig, und daß die Häretiker und
die Ungläubigen, die ihr folgen, sich dadurch verirrten.
Man könnte einwerfen, daß Häretiker und Ungläubige das
Gleiche sagen werden. Ich aber antworte ihnen darauf, daß
wir Beweise haben, daß Gott wirklich das Herz derer zum
Glauben an die christliche Religion beugt, die er liebt, und
daß die Ungläubigen keinen Beweis für das haben, was sie
sagen; so daß unsere Sätze, mögen sie auch in den Ausdrücken ähnlich sein, darin sich unterscheiden, daß der eine
ohne jeden Beweis, der andere sehr zuverlässig bewiesen ist.)

Ich gebe zu, daß einer jener Christen, die ohne Beweise glauben, vielleicht wenig haben wird, um einen Ungläubigen, der darüber so viel von sich selbst sagen wird, zu überzeugen; die aber, die die Beweise der Religion kennen, werden ohne Mühe beweisen, daß dieser Gläubige wahrhaft von Gott begeistert ist, obgleich er selbst es nicht zu beweisen vermag.

Denn da Gott durch seine Propheten, die unbezweifelbar Propheten sind, gesagt hat, daß er unter der Herrschaft Jesu Christi seinen Geist über die Völker ausbreiten werde, und daß die Söhne, die Töchter und die Kinder der Kirche weissagen werden, besteht kein Zweifel, daß der Geist Gottes bei ihnen und nicht bei den andern ist.

(„Eorum qui amant.")

(Gott beugt das Herz jener, die er liebt.)

„Deus inclinat corda eorum" —

— Dessen, der ihn liebt.

Dessen, den er liebt.   287

FRIEDRICH HEILER

Die Religionen der Menschheit

in Vergangenheit und Gegenwart

Unter Mitarbeit von Kurt Goldammer, Franz Hesse, Günter Lanczkowski, Käthe Neumann, Annemarie Schimmel. Mit 48 Bildtafeln

Inhalt: Die Erscheinungsformen (Phänomenologie) der Religion – Die Religion der prähistorischen Zeit – Die Religion der schriftlosen Völker der Neuzeit – Die Religionen der vorkolumbischen Hochkulturen Amerikas – Die Religion der Chinesen – Die Religion der Japaner – Die Religion der Ägypter – Die Religionen der vorderasiatischen Kulturen – Die Religion der Etrusker – Die indo-europäische Religion – Die vorarische Religion Indiens – Die indischen Religionen (Die vedische Religion – Die Religion der priesterlichen Ritualtexte – Die Erlösungsmystik der Upaniṣaden – Die Übungsmystik des Yoga – Die Erlösungslehre des Sāmkhya – Die heterodoxen Erlösungsgemeinschaften: A. Der Jainismus – B. Der Buddhismus – Die nachbuddhistischen Religionen Indiens) – Die Religion der Iranier – Der Manichäismus – Die Religion der Mandäer – Die Religion der Griechen – Die Religion der Römer – Die Religion der Germanen – Die Religion der Kelten – Religion der Slaven und Balten – Die israelitisch-jüdische Religion in vorchristlicher Zeit – Das Judentum in nachchristlicher Zeit – Die Entwicklung des Christentums – Die christlichen Kirchen der Gegenwart – Der Islam – Versuche einer Synthese der Religionen – Literatur-, Namen- und Sachregister. Religionsstatistik.

PHILIPP RECLAM JUN. STUTTGART

BLAISE PASCAL

ÜBER DIE RELIGION

(Pensées)

Vollständige Ausgabe der Pensées in der Übersetzung von Ewald Wasmuth, mit Lesarten, ausführlichen Texterläuterungen und einem Nachwort.

588 Seiten · Leinen DM 28,–

BLAISE PASCAL

DIE KUNST ZU ÜBERZEUGEN

und die andern kleineren philosophischen und religiösen Schriften

Übertragen und mit Erläuterungen versehen von Ewald Wasmuth.

216 Seiten · In Leinen gebunden DM 15,–

VERLAG LAMBERT SCHNEIDER
HEIDELBERG